胡安国

（1074—1138）

福建历史文化名人丛书

福建省社会科学界联合会 编

胡安國

湖湘学派创始人

宁淑华 编著

海峡出版发行集团 THE STRAITS PUBLISHING & DISTRIBUTING GROUP | 福建人民出版社 FUJIAN PEOPLE'S PUBLISHING HOUSE

图书在版编目（CIP）数据

胡安国：湖湘学派创始人 / 宁淑华编著. --福州：福建人民出版社，2019.10（2020.11重印）
（福建历史文化名人丛书）
ISBN 978-7-211-08180-6

Ⅰ. ①胡… Ⅱ. ①宁… Ⅲ. ①胡安国（1074–1138）—生平事迹 Ⅳ. ①B244.99

中国版本图书馆CIP数据核字（2019）第202577号

胡安国
HUANGUO
——湖湘学派创始人

作　　者： 宁淑华
责任编辑： 何水儿
出版发行： 福建人民出版社　　**电　　话：** 0591-87604366(发行部)
网　　址： http://www.fjpph.com　　**电子邮箱：** fjpph7211@126.com
地　　址： 福州市东水路76号　　**邮　　编：** 350001
经　　销： 福建新华发行（集团）有限责任公司
印　　刷： 福建省金盾彩色印刷有限公司
地　　址： 福州市金山浦上工业区D区24幢
开　　本： 700毫米×1000毫米 1/16
印　　张： 7.75
字　　数： 90千字
版　　次： 2019年10月第1版　　2020年11月第2次印刷
书　　号： ISBN 978-7-211-08180-6
定　　价： 25.00元

本书如有印装质量问题，影响阅读，请直接向承印厂调换。

总 序

李 红

社会科学承载着“认识世界、传承文明、创新理论、咨政育人、服务社会”的重要功能，是人类赖以传承的精神支柱。近年来，福建省各级各部门认真贯彻《福建省社会科学普及条例》，社会科学普及工作扎实开展、稳步推进，通过举办全省社科普及宣传周、建立社科普及基地、开办社科普及讲坛等社科普及咨询平台载体，其制度化、常态化、大众化工作取得了明显成效。

习近平总书记指出，文化是民族生存和发展的重要力量，中华优秀传统文化已经成为中华民族的基因，植根在中国人内心，潜移默化地影响着中国人的思维方式和行为方式。福建文化是中华文化中极富特色的一部分，深度融入了中国文化的进程，展现出突破陈规、积极进取、兼容并包、锐意创新的胸襟和气魄。向大众传播福建优秀的历史文化知识，是福建省社科普及工作的重要内容。以接福建地气、讲福建故事、塑福建形象、续福建文脉的姿态编辑出版的“福建历史文化名人丛书”，既较为全面地展示了福建文化深厚的历史底蕴和丰富的人文精神，也为福建当下的社会文化建设提供了有益的资鉴。“福建历史文化名人丛书”所包含的朱熹、林则徐、严复、陈嘉庚等人物传记，记录了福建

文化之于中国历史的影响，同时也以人物史的叙述方式生动地展现出中国人文精神的风骨和传统文化的传承。

今天，我们提倡和弘扬社会主义核心价值观，必须从中华优秀传统文化中汲取丰富营养，否则就会缺乏生命力和影响力。“福建历史文化名人丛书”记录了福建历史文化人物的价值观践行轨迹，重温了这批福建历史文化乃至中国历史文化史上重要人物的生命历程，以浅显晓畅、通俗易懂的叙述方式讲述了中华优秀传统文化传承的当代意义，开辟了社会科学知识进入千家万户的新路子。

“最忆市桥灯火静，巷南巷北读书声。”一套好的社会科学普及丛书，总是能带动起读书的风气。将学习作为一种追求、爱好和健康的生活方式，也是“福建历史文化名人丛书”所期望实现的目标。在文字中领略福建地域文化魅力，在阅读中传承传统文化养分，在感悟中提升人文道德情操，社会科学普及丛书的出版，可谓正当其时。

（作者系福建省人民政府原副省长，福建省政协原副主席）

目录

夷胡寅寧
侍家府自郎
春陵過此門
江陵吳潔湘
黎明從繼興
年十二月初六

第一章

早年进学：昼夜勤苦，私淑二程

胡安国自幼聪慧，“初能言，令人试教，以训童蒙韵语数十字，两过能记”。后以优异成绩考入太学。

在太学里，胡安国深受二程洛学影响，24岁参加进士考试时，不顾科考推崇熙宁元丰新政的大环境，仍沉浸于元祐旧党的洛学之中，幸运的是，他仍然高中第三。

第一节　家学渊源，为学勤苦

家居籍溪里

胡安国，字康侯，谥文定。熙宁七年（1074年）生于建州崇安县开耀乡籍溪里。其先祖本是江南人，五世祖号“主簿公”，可能曾任主簿之类官职，后因躲避五代战乱而移居籍溪里鹅子峰，钓鱼自娱，人称“钓鱼翁”。曾祖胡容、祖父胡罕都未曾出仕。祖父胡罕虽未做官，但是崇尚气节，一诺千金，在乡邻中极有声望。胡罕家里本来算是富有，但亲朋邻里每每向他借贷求助，他都欣然答应，很多钱借出去之后便收不回了，因此家里一天天艰难起来，但胡罕从不埋怨。到胡安国父亲胡渊手里，家计已经败落了。胡渊开始读书应考，得本县仙洲教授吴先生赏识，吴先生发现他好学强记，所写《论语》《尚书》从头至尾，无一差错，很是器重，便将女儿嫁给他，由此胡渊走向仕途，以宣义郎致仕。胡渊致仕回乡后，曾在家开馆授徒，从此开启了胡氏家族的家学渊源。

幼有高志，勤学刻励

胡安国自幼聪慧。据说刚能说话时，家人以《训童蒙韵语》教他数十字，他读过两遍之后便能记住，祖母余氏抚摸着他的脑袋，欣慰地赞叹：“这孩子将来必定能光大胡氏门庭。”胡安国

7岁时曾作小诗，其中便有“自任以文章道德”的诗句，显示出以圣人为榜样的不凡志向。

为了让胡安国更好地学习，父母送他到外公吴教授家读书，对他的要求也非常严格，一年只能回来一次，一次住家不能超过两夜。胡安国勤奋刻苦，每天背诵数千言，记而不忘。15岁，他离开外公家到信州州学就读，勤奋更胜往昔。有一天，学校前面有马戏表演，同学们兴奋难抑，蜂拥到马戏台前。州学教授、翕州胡公被惊动，巡视教堂，发现满院空空，却又隐隐传来诵书声。走进教室，见到胡安国一人，端坐桌前，专心诵读，惊讶不已。遂将他叫到大堂上，询问姓名及所读书籍，并问他为什么不出去看马戏，他答说：“我读的是圣贤书。马戏乃一时之乐，经典终身受用。”胡公赞赏连连，兴奋地拿出纸笔，还特地选了一方好砚，赠送给他“好好用功，当为大器”几个字，两年后，胡安国果然以优异成绩考入太学。

第二节　良师益友，进士及第

太学砥砺，良师益友

元祐五年（1090年），胡安国17岁，入读太学，其时正是北宋政局大变动时期。胡安国就是在这大变动的政局中，接受了二程洛学，完成了人生学问和信仰的最重要的奠基。王安石新党变法自熙宁二年（1069年）开始，到元丰八年（1085年）哲宗继位结束。哲宗继位时才9岁，高太后听政，司马光、吕公著等旧

党上台，新法尽废，史称“元祐更化”。旧党学术代表人物程颐、程颢的洛学取代王安石新学。宋哲宗元祐元年（1086年），程颐以布衣受诏，任崇政殿说书，其职务是教皇帝读书。程颐就职之前，就给皇帝上奏，提出了君子应重视“涵养气质，熏陶德性”；上任之后，程颐以“帝王之师”自任，不遗余力地向皇帝宣扬“圣王之道”，并且敢于“议论褒贬，无所顾避”，进一步扩大了洛学的影响和声势。在太学的胡安国并没能直接见到程颐，而是间接受到洛学的影响。“是时元祐盛际，师儒多贤彦，公所从游者，伊川程先生之友朱长文及颍川靳裁之”。

先说靳裁之。靳裁之，颍川人，是程颢的私淑弟子，“同舍有颍川靳裁之，常闻西洛程先生之学，独奇重公，与论经史大义。公以是学问益强，识致日明”。是靳裁之首先将二程洛学介绍给了胡安国，并且说过读书人可分为三类：“志于道德者，功名不足以累其心；志于功名者，富贵不足以累其心，志于富贵而已者，则亦无所不至矣。”从此，胡安国学问日益深厚，理识日益明通，而且，他一生淡薄功名，应该与此不无关系。

朱长文，字伯原，吴县人，人称乐圃先生，“从泰山学《春秋》，得《发微》深旨”。这里的“泰山”是指宋初三先生（胡瑗、孙复、石介）之一的孙复。孙复是宋代理学的先驱，以研治《春秋》而著称，著有《春秋尊王发微》12卷。朱长文从孙复学《春秋》，又将这种影响传给了胡安国。胡安国毕生致力于《春秋》研究，估计与此有关系。

在师友切磋之下，胡安国不仅学识大进，品行也益发精进。有一天，太学博士要求各级职长上交文课，将考察学生优劣并决定去留。在别人唯恐黜落而纷纷争先自送的情形下，收到上交差帖的胡安国反而交还差帖，愿意退就诸生之列，太学自祭酒以下各级老师奔走相告，相与称叹：“这真是太学诸生的表率呀。”要知道当时太学考察诸生，分为学行考察和学业考试。学行考察包括平时学业和操行两个方面，由长谕负责每季向上报送一次，再由上级（包括学录、博士、司业及祭酒）逐级审阅评定等级。胡安国应该是被长谕定为学业优秀而要上交文课的。他在此事上表现出的文行俱佳，在太学传为佳话。

进士及第，高中第三

绍圣四年（1097年），胡安国24岁，参加进士考试。此时政局比起太学时，又是大变。元祐八年（1093年），高太后去世，哲宗亲政，下令绍述并实施元丰新法，罢去旧党宰相范纯仁、吕大防等，起用章惇、曾布等新党。因此，绍圣四年科考的国家意志已经是推崇熙宁元丰新政，而胡安国的政治态度和学术思想却沉浸在元祐旧党的洛学之中。于是，进士考试出现了波折：

在皇帝亲自主持的殿试上，胡安国在策论中重点阐明《大学》一文中所提倡的“格物、致知、正心、诚意、修身、齐家、治国、平天下”之道，以归于尧舜禹三代为旨归。该策论匿名阅卷被评为第一。将要唱名宣布时，宰相认为没有抨击元祐旧党的言论，政治导向不对，于是拟将他黜于第三名之外。哲宗皇帝命左右展开再读，反复倾听，赞叹不已，亲自定为第三名。

高中探花之后，就是皇帝接见。在接见时，哲宗好奇地问胡安国的老师是谁，胡安国回答：“久处太学。”当时殿上官员暗暗喝彩，都认为是非常机敏而又高明的对答，所以被称为“名对”。

第二章

中年仕途：进退出处，一合于义

胡安国自步入仕途至去世，共 41 年，但实际在官任职时间前后相加，总共不超过 6 年。其间多历官职，但主要是学职和给舍侍读两类。他依规处理犯事太学生，留下“铁面学录”的佳话；他“以圣人为标的”，拒绝权相蔡京笼络；他不顾自身安危与个人前途，9 次缴奏；他为了宋王朝的安危而反复建言，希望能够拯救时弊；他捍卫洛学，进献《春秋胡氏传》。

胡安国自绍圣四年（1097年）高中进士后，便步入仕途，到致仕前后共40年，但实际在官任职时间前后相加，总共不超过6年。其间多历官职，但主要是学职和给舍侍读两类。前期多任学职，先后担任江陵府学教授、京师太学录、太学博士、提举湖北学事司、提举湖南学事司；后期多任给舍监察之职，先后担任中书舍人、给事中、中书舍人兼侍讲。罢职期间先后提举建昌军仙都观、徽猷阁待制、江州太平观。提举建昌军仙都观、提举江州太平观两职都是宋代特有的祠禄官，宋代大臣年老不能任事者或罢职者，常被命为祠禄官，不理政事而予俸禄，以示优礼，所以算不上正式担任官职。

第一节　提举学事

北宋教育

胡安国任职学官主要在北宋时期，所以先要大致交代一下北宋的官学教育。

宋代国策重文轻武，主张“兴文教，抑武事”，“以文化成天下”，因此宋代对教育非常重视。就北宋而言，有3次大规模的兴学，第一次是庆历兴学，即在范仲淹所主持的庆历新政期间实行的。范仲淹认为治国先要育才，育才先要兴学。因此，仁宗庆历四年（1044年），朝廷下令天下各州、府、军、监立学。虽然这次兴学随庆历新政的失败而昙花一现，但拉开了宋代教育兴盛的大幕。第二次兴学即熙宁兴学，就是王安石主持变法

（1069—1085）期间，将兴学作为重要内容推行，包括整顿地方学校、改革太学、统一编写“三经新义”（《周礼新义》《诗义》《书义》）作为学校教科书等内容，元丰八年（1085年）神宗去世，变法废弃，兴学事业也随同废止。这次兴学内容比较全面，持续时间也较长，影响深远。第三次兴学是宋徽宗崇宁元年（1102年）蔡京为宰相时期发动的。宋徽宗赵佶自建中靖国元年（1101年）即位后，改年号崇宁，即崇述熙宁之意，大用新派人物，恢复熙宁元丰时期的改革措施，在全国掀起第三次兴学运动，史称“崇宁兴学”。崇宁兴学包括在全国推行三舍法、扩建太学、废除科举、国家取士全部由学校升贡等内容。

江陵府学教授

胡安国绍圣四年（1097年）高中进士后，做的第一任官职是江陵府学教授。宋代的地方行政系统分为三级：第一级为路，第二级为州、府、军、监，第三级为县。就学校设置而言，路一级不设学校，故地方官学只有州（府、军、监）学和县学两级。宋代教育极为发达，仁宗庆历四年（1044年），朝廷下令各州、府、军、监立学，地方官学开始设立。各地方官学教官称教授，州学2人、县学1人。教授之选，开始由本路长官选派属员或聘请地方的宿学名儒充当。熙宁六年（1073年），规定各路学官由中书门下选任。地方学官选任权力归于朝廷，意味着学官遴选更加严格，也意味着中央对地方官学的进一步重视。地方官学经费来源有学田和助学钱，助学钱由朝廷或地方行政部门直接拨给。胡安国来到江陵府后，发现这里官学颓废，管理混乱。原来管理学校的职员有十余人，他们贪污学校公粮，还欺负胡安国年少，不但不听规劝和命令，反而冲撞冒犯。胡安国气愤至极，抓住他们贪污作弊之事，将这班人全部革除。消息传开，震动极大，父老欢喜，远近称颂。于是不论城乡，父老乡亲都纷纷送自家子弟来府学读书。胡安国此后一心扑在府学上，严以律己，以身作则，而且特别勤苦，不到假日从不出门。他一方面将破烂的学舍修葺一新，另一方面又制定严格规范的管理制度，然后专心教授学生，“凡所训说，务明忠孝大端，不贵文艺”。这里的意思是说胡安国培养学生以忠孝德行为首，以文章技巧为末，体现出典型的理学教育特色，也初步显示出了他鲜明的理学士大夫特色。因为在江陵府学教授职位上业绩出色，任职期满后，他便升任京师太学录。

京师太学教官

宋代中央官学主要有国子学和太学，其中太学是中央官学的主体和重点，最为发达，也最有成效。王安石熙宁兴学的重点之一是改革太学，建立太学“三舍法”，即把太学分为外舍、内舍、上舍三等，外舍2000人、内舍300人、上舍100人。官员子弟可以免除考试直接入学，而平民子弟须经考试合格才能入学。其次是通过一定程序，免去乡试、省试，直接补官，“上等以官，中等免礼部试，下等免解试”。这就是把朝廷选拔官员和学校办学直接结合起来。宋徽宗崇宁兴学时，将三舍法推行于地方官学，规定州学学生每三年选送一次入太学外舍学习。这样太学的规模也有了新的扩张，外舍生定额为3000人、内舍生600人、上舍生200人，共计3800人，这是宋代太学的极盛时期，故史称“崇建太学，教养多士，升黜之法备具，甚盛典也”。太学三舍法事实上将太学变成了科举的一个层次，学校彻底变成了选官制度的一个组成部分。这样庞大的太学，管理队伍也是比较庞大的。总的情况是，太学各类学官累计达210多人，胡安国初到太学，出任太学录，也就是协助学正执行学规。这是一个容易得罪人的职位，当然，也是一个存在请托贿赂的职位。而胡安国素来铁面无情，谢绝一切攀拉关系的游说和请托，严格协助学正执行学规。在胡安国的太学录任上，因严肃处理了两位太学生而留下了铁面学录的佳话。

事情原来是这样的：来自蜀地的学生刘观和来自越地的学生石公揆，两人飘逸潇洒，富有才名，学业考试屡列前茅。但两人品行不端，刘观替人代考，石公揆轻薄浪游以至于被人告到官府。依照太学规定，这两人是要给予处分的。事情发生之后，游说讲情的人接二连三，胡安国咬定学规不动，义正词严地拒绝："学录的本职工作就是执行学规，既然不能执行学规，还要学录干什么？再说，刘观、石公揆二人纵然有才，德行有缺，绝不是好人才！"由于胡安国坚持到底，最后给予了刘、石二人相应的处分。作为一个协助学正执行学规的学录，能如此铁面无私而又坚持到底地依照学规处罚学生，既体现了胡安国忠于本职的敬业精神，更体现了他作为太学管理者"德行为先，才艺为末"的人才培养理念，也是他在江陵府学教授职务上"凡所训说，务明忠孝大端，不贵文艺"的教育观的持续贯彻。

大概这次事件之后不久，胡安国升职为太学博士，负责教学和训导太学生。在太学博士任上，他坚持"以圣人为标的"的人格标准，严守士大夫的操守，不趋炎附势，足迹绝于权贵之门。

拒绝蔡京笼络

太学博士任职期满之后，依照任官常法，应改任别的京官。胡安国却直接跑到宰相办公的政事堂，要求改任地方官职。当时的宰相是蔡京。蔡京一听大惊失色。原来蔡京早就听说了胡安国的才华，有意将其拉拢到自己的阵营，没想到胡安国压根不想做京官。但蔡京不甘心算盘落空，于是私下打发自己的党羽张康国暗示胡安国，将推荐他担任馆职，以示拉拢之意，胡安国还是果断拒绝了。这可真是打了蔡京的脸。胡安国没有任何犹豫就拒绝馆职，这在宋代其实是非常不容易的。所谓馆职，就是唐代昭文馆、集贤院和史馆的合称，号称三馆，后来又增加秘阁，合称馆阁或者四馆。宋沿唐制，馆阁是国家藏书编书之所，“蓄天下图籍，延四方俊才”，又是国家储蓄人才的地方。仁宗皇帝就曾经有“设三馆以育才”“馆职以待英俊”之言，英宗皇帝也说过“馆职所以育才”。可见三馆是宋代培养和储备高级人才的地方，宋代被提拔当宰相的人，一般都必须先进入三馆工作锻炼考察一段时间。由此可见馆阁地位之高。自然，要进入三馆也很难。一般要经过严格的考试选拔且是极有名望的人才能进入馆阁，统称学士。一旦进入三馆，遂为名流，身价倍增。所以宋代文人都有很重的馆阁情结，如著名文人苏辙有诗歌《次韵张去华院中感怀》云：“仕宦不由天禄阁，坐曹终日漫皇皇。”并自注曰：“辙顷自绩溪除校书郎，即未至京，除右司谏。竟不入馆，故以为恨。”元祐年间曾任宰相的范纯仁还在任襄城知县时，因德才突出被宋庠推荐参加馆职考试，结果范纯仁谢绝说：“如果通过考试，去了京城那个地方，就没法侍奉兄长了。”宰相富弼责备范纯仁说："台阁之任岂易得？何庸如是。"意思是馆阁之职岂是那么容易得到？你怎么能轻易拒绝呢？由此可知，推荐胡安国入馆职，显示出蔡京笼络胡安国的用心很深，他的断然拒绝也显得非同凡响。

胡安国拒绝馆阁之职后，朝廷正好颁布新的学法，其中规定太学博士可到路级任提举学事，于是蔡京又任命胡安国提举河北路学事，他对胡安国说："禄厚，莫如朔部者。"也就是说，在当时的各路提举学事司中，河北路的待遇是最好的。这是再次显露额外关照之意。胡安国却说父母在南方，任职北方影响尽孝，再次拒绝了蔡京的笼络，最后被改派提举湖北路学事。

提举湖南学事

胡安国于宋徽宗崇宁四年（1105年）提举湖北路学事。在赴任前，照例要面见皇帝。他向宋徽宗陈述了自己任职的理念和目标："学校所以养育人才，非治之也。今法令具矣，当使学者于规矩之外有所耻而不为。谨按圣门设科，成周贡士，皆以德行为先，文艺为下。臣当以此仰奉明诏。"他的意思很明白，学校是培养学生的地方，不是管制学生的地方。现在学校的各项法制规矩都已经齐全，培养的学生不仅仅要遵守规矩，更重要的是要有廉耻德行。根据古代的教育传统，孔子教育设立四科，德行、言语、政事、文学；成周取纳士人，依据孝、悌、睦、姻、任、恤、忠、和八种德行。这都表明，历来学校教育所培养和官府所任用的人才都是以德行为第一位，文艺技能为第二位，表明他自己到任之后将按照这个标准来推进地方教育。徽宗皇帝点头表示赞同。此时正是崇宁兴学时期，主要教育理念还是遵循王安石熙宁兴学的做法。看得出，胡安国对王安石新学不能认同，他主张以“德行”为先，正是循着理学家们的“内圣之学”的道路走下去，要求首先解决内圣的道德（体），然后才能降到外王的事功（用）。可以看出，这是胡安国一以贯之的理学教育特色。在王学笼罩的背景下，胡安国独特的教育理念和实践，显示出他坚不可摧的冰霜之操。他刚到湖北路任所不久，就接到调令，提举湖南路学事，于是，他转赴湖南路。此时蔡京当政，官场风气败坏，贿赂公行，也影响到学校。胡安国上任后，严格考察州县官学，禁止或者惩处士子肆意妄为之举，纠正办学风气。同时，他以北宋名臣韩琦为榜样履行职责。韩琦为官特别注重察访人才，敬礼贤士，对于推举和黜责人才特别慎重。正是因为慎于推举和黜落人才，在湖南学事任上，胡安国遭受了仕途中第一场风波。

荐举人才风波

原来朝廷发来诏令，要求各路提举学官向朝廷推举民间遗逸的人才。这其实是提举学事的“举刺”之责。胡安国向朝廷推举了永州布衣邓璋和王绘两人，其中邓璋年老，不愿应征，胡安国便上奏朝廷，请求给以官职，以鼓励其他读书人。这件事招来了别人的嫉恨和陷害。因为贪污被胡安国弹劾罢官的零陵县主簿李良辅趁机逃到京城，举报说邓璋和王绘二人是范纯仁的门客，胡安国受邹浩的请托，才向朝廷推举的。李良辅这一举报就将胡安国推入了元祐党人碑的旋涡。

前文提到，蔡京本有心笼络胡安国，而胡安国识破其用心而断然拒绝，蔡京便衔恨在心。在接到零陵县主簿李良辅的举报后，蔡京可谓大喜过望，一方面重赏李良辅，命他在京城做官，另一方面下令湖南路主管刑狱的提刑监察司立即查办胡安国。命令一出，胡安国的同事朋友都为之胆战心惊，实在是蔡京上台之后，自崇宁二年到崇宁四年（1103—1105）罗织元祐党人碑事件所掀起的腥风血雨已经使全国为之胆寒。湖南路帅臣曾孝广前来安慰胡安国。曾孝广，字仲锡，福建晋江人，曾公亮侄子，精通治河与水务，其人为官严正，爱憎分明，不趋炎附势，能仗义执言。他钦佩胡安国的德行和学识，与胡安国和邹浩的交情很好。当此忧心忡忡时刻，特地来看望胡安国，以尽安慰之情。结果，曾孝广回去之后对左右感叹不已："胡康侯面对患难凝然不动，高出于常人实在是太多了。"等到湖南路提点刑狱司查证结果出来，李良辅的举报没有证据，属于诬告。蔡京十分恼火，罢免湖南路提点刑狱司陈义夫官职，又下令将案件移交湖北路审查。而湖北路审查的最后结果依然认定胡安国并没有所谓接受邹浩请托之事，也就是说，零陵主簿李良辅是赤裸裸的诬告。但蔡京岂能甘心？还是将胡安国除名勒停，也就是罢官，并将为胡安国仗义执言的帅臣曾孝广等人一齐罢免。可谓卷起漫天风雨，累及一众官员。

在这件事的处置过程中，胡安国镇定从容，岿然不动，但最后累及一众上下同仁，对胡安国的打击应该很大。因为在此之前的任职中，无论是江陵府学教授还是国子学录，虽然他秉守"以圣人为标的"的崇高志向，正道直行，而且是勇往直前，体现出儒家学者守道不回的勇毅风范，但毕竟没有殃及他人。另外，尽管在蔡京的拉拢中，胡安国洞穿蔡京用心，也体现出了他对当时官场险恶以及蔡京之卑鄙有一定认识，但此次推举事件中蔡京的不达目的誓不罢休的迫害，应该大大加深了他对官场险恶以及蔡京奸险的认识，这让他萌生了退意。

与胡安国心中的深深愧意相反的是，被牵连的5人不仅对他毫无怨言，反而经常问候于他，由此也见出才30多岁的胡安国虽然官职不高，但已经极为受人敬重了。胡安国罢职之后回到父母居住所在的荆州漳水之滨，买了些田地，亲自耕种，淡薄衣食，专心侍奉父母。耕种闲暇时，则专心于经史及百家之文，学识一天比一天进步。一家人也其乐融融，丝毫不见贫苦之态，也不闻抱怨之声。直到大观四年（1110年），诬告者李良辅因为犯了别的罪被朝廷处置，御史台官员毛注趁机将李良辅诬告胡安国一事重新审查，为胡安国辨明冤屈，朝廷正式下旨改正原来的错案，恢复胡安国原有官职。

值得一提的是，这个毛注，也是赫赫有名的直臣。毛注，字圣可，衢州西安人。徽宗大观（1107—1110）年间为侍御史，曾奋力弹劾蔡京。崇宁五年（1106年）正月，西方出现彗星，尾巴很长。御史言官们纷纷上奏指责是蔡京罗织的元祐党人碑牵连太广，导致天象以彗星示警，宋徽宗于是免去蔡京官职。毛注趁机上疏劾奏蔡京“擅持威福，动摇中外”，迫使蔡京致仕。大观四年，彗星又一次出现，毛注再次上奏弹劾蔡京“罪积恶大，天人交谴”“以严刑峻法胁持海内，以美官重禄交结人心，钱钞屡更而商贾不行，边事数易而国力大匮。声焰所震，中外愤疾，宜早令去国，消弭灾咎”。其他御史也纷纷弹劾蔡京。结果，徽宗下令让蔡京离开京城，居住于钱塘。胡安国的冤案得以平反正是蔡京被赶出京城的这一年，也正是参与赶走蔡京的毛注一力伸张的。可见大义是非自在人心，同恶固然相济，同善更能相助。

第二节　立朝大节

尽人子之孝

政和元年（1111年），张商英为宰相，荐举胡安国提举成都府路学事，他婉言拒绝了。原因是父母居住在江陵的漳水之滨，而成都府远在川中，不仅路途遥远，而且要经过险滩重重的三峡，李白有诗“蜀道之难，难于上青天”，年迈双亲如何长途跋涉而无恙？所以他请求在家侍养双亲，以尽人子之孝：“臣而留令，无所逃诛。子若委亲，亦将安用？”作为臣子，虽然对于朝廷的任命拖延滞留，这样做大大不对，但是作为儿子，如果因为做官而放弃对年老双亲的奉养，这样的臣子又有何用呢？因为道理讲得深刻而又诚恳，所以得到朝廷批准可以暂停任官，做了两年的在官闲人。两年后，他的母亲便去世了。世事无常，但他的选择有事先之明，能免事后之悔。

胡安国事母极孝。在母亲生病期间，他凡事亲力亲为伺候在母亲身旁，因为担心母亲突发状况，所以常常一碗饭都不能安心吃完，睡觉也不能脱衣安睡。母亲去世，办丧事，从装殓到下棺，也是他自己一一经手，所有仪式都一丝不苟。其后服丧的第一年，他严格遵守礼制要求，吃粗米青菜，结果消瘦得厉害，弱不胜衣。父亲非常担心，劝他为身体着想，多少吃好一点。为免除父亲担忧，他才稍微多吃一点。当时荆楚一带风俗比较粗野落后，孝礼方面完全不讲究，当地村民目睹了胡安国侍奉母亲的亲

力亲为和服丧的一丝不苟之后，才明白孝的含义和礼节，才懂得儒家文化所强调的慎终追远的深远意义，风俗开始变得文雅庄重起来。

等到胡安国为母亲服丧完毕，已是政和八年（1118年）。这时候，京师是余深为宰相。余深向朝廷推荐有名望人士10人，胡安国便是其中之一。其他9人均已就职，胡安国才赴京。胡安国一到京城就生病了。知交或相识，有的劝勉他就职，有的甚至以朝廷威势相警告，他都以谦逊之词答复他们，然后除了寻医访药，什么也不做。过了百余日，又告辞归家。宣和元年（1119年），朝廷任命胡安国提举江东路学事，还没有接受任命，其父胡渊又去世了。

等到胡安国服完父亲的丧事，他对儿子们说："我从贫寒子弟奋发努力，为荣养双亲而踏入仕途，现在父母都去世了，即使是有万钟俸禄，又有何用呢？"古代儒家读书人有"禄以养亲"之义，也就是说如果家贫不能奉养父母，那么就应该去求官做，以俸禄供养父母，否则就是不孝，而胡安国一是家贫，二是他父亲也强烈希望他踏入仕途，既能报效国家，又能光宗耀祖。现在双亲已逝，终于可以听凭他自己的意愿了。他在父母坟墓旁建造一间屋子，把自己的书籍全搬进去，早晚瞻仰坟墓，耕田种地，然后潜心古籍，废寝忘食，乐以忘忧。他向来钦慕陶渊明，耕读之余，拄杖登山，临水观鱼，吟诵陶渊明《饮酒》诗歌，心地怡然，情志愉悦，仿佛与陶渊明把手同游一般，准备独善其身，终老于此了。

宣和末年，李弥大、吴敏、谭世绩一起上奏说胡安国"经学可用，齿发未衰"，还不到致仕的时候，朝廷便任命他做屯田员外郎，他又推辞了。不仅这一次，后面他又两次推辞朝廷任命他做太常少卿、起居郎之职。

胡安国一再辞官，除了安贫乐道、不求荣达的高洁品格，也有对于官场黑暗、朝政浑浊的不满和唾弃之意。直到金兵入侵，国家危亡在即，他才又有再入仕途的打算。

反对靖康之盟

宣和七年（1125年）十月，金太宗正式下诏伐宋。靖康元年（1126年）正月初八日，金兵已临北宋都城开封之下。宋徽宗禅位于钦宗，钦宗被迫签订城下之盟，同意割地（太原、中山、河间三镇）、遣质（派遣亲王为人质）、赔款、更改盟约等要求。胡安国得知消息后，愤激难抑，立即写信给汴京城中的老友杨时（杨时这时候任谏官），用《春秋》大义对朝廷的行径一一进行了批驳：

> 按《春秋》书“齐人来归郓、讙、龟阴之田”，是田，本鲁田也。始失不书者，不能保其土地人民，为不君讳也。太原兵劲天下，艺祖、太宗自将再驾，而后入于版图。河间、中山，北方重镇，犹郑有虎牢，虞、虢有夏阳，秦之潼关，蜀之剑阁，吴之西陵也。今闻割以遗敌，不亦辱乎！

这里，胡安国激烈抨击了朝廷割让河北三镇给金国的行为。依照《春秋》之义，对于不能守土的君主是要强烈谴责的。《春秋》有记载：“齐人来归郓、讙、龟阴之田。”这一句的记载很突然，因为郓、讙、龟阴这3个地方本来就是鲁国的土地，但何时丢失、为什么丢失却不予记载，归还的时候偏要记上一笔，为什么呢？丢失不记载，那是为鲁国国君讳言，也就是对于尊长

的丢脸的事情不说。但归来的时候还是要记载一笔，表明一种潜在的谴责，谴责国君的失职，因为国君没有守住自己的土地。对比之下，当今朝廷就实在是耻辱了。太原向来是天下劲兵所在，自从石敬瑭无耻地认契丹为父，割燕云十六州给契丹之后，中原失去北方的长城，宋朝太祖、太宗亲自带兵浴血奋战才将太原收回。河间、中山二镇是北方军事重镇，犹如春秋时期郑国的虎牢关、虞和虢国之夏阳要塞、秦国之潼关、蜀国之剑阁、吴国之西陵，均是易守难攻的军事要害之地，竟然割给金国，从此就是国门洞开，国将不国矣，岂不是耻辱之极？

> 按《春秋》，齐侯侵蔡，伐楚，楚使请盟，美而书“来”者，荆楚暴横，凭陵中国，郑在畿内，数见侵暴，齐侯伐而服之，则自此帖然矣。此门庭之寇，所当惩创不可已焉者也。远方犯阙、释而不击，反与之和，戾于圣人之训，不已大乎！

依照《春秋》记载：“（鲁僖公）四年春王正月，公会齐侯、宋公、陈侯、卫侯、郑伯、许男、曹伯侵蔡。蔡溃，遂伐楚。”孔子在《春秋》中这样记载的目的在于赞美齐桓公能带领北方诸侯抵抗南方荆楚的入侵。春秋晚期，周天子软弱，对诸侯失去控制力，南方荆楚崛起扩张，向北侵凌中原小国，郑国就屡次受到侵扰。所以齐桓公率领诸侯入侵并打败蔡国（蔡依附于楚国），然后讨伐楚国，遏制了楚国对北方中原各国的侵略势头。孔子对此赞赏不已，这是孔子在《春秋》一书中高度强调的“华夷之义”，即用夏变夷，而不能用夷变夏。胡安国说，楚国虽是蛮夷之邦，但和中原各国本就相邻，对于中原各国来说，只能算是门庭之寇。但就算是门庭之寇，其势头也不可不抑止；而金国是遥远北方的蛮夷，千里来犯，围困京城，朝廷还束手求和，岂不是和圣人“华夷大义”的教训大相违背？

> 按《春秋》鞍之战，齐师败绩，遣国佐致赂请盟。晋郤克欲以萧同叔子为质，而使齐之封内尽东其亩。国佐震怒，请收合余烬，背城借一。郤克惧，反与之盟而不敢复也。故圣人特书曰“及国佐盟”，以明国佐一怒，折伏郤克，示天下后世忠臣义士以克敌制胜在于曲直，不以强弱分胜负也。金人陵辱朝廷，人心同疾，非止郤克之于齐。四镇、三关倘皆割弃，岂特尽东其亩而已乎！而城下结盟，亲王出质，不竞甚矣！

《春秋》记载了齐晋鞍之战。公元前589年，齐顷公率齐军讨伐鲁国及卫国，鲁、卫两国派使者至晋国求援。晋国郤克随即率军车八百乘，讨伐齐国以救鲁、卫。齐国被晋军打败，于是派出国佐到晋国请求议和。晋国的郤克与齐国有私怨。郤克曾经到齐国出使，齐顷公用帷幕遮住让他母亲萧同叔子在后面偷看，郤克是个跛子，上台阶时跛脚姿势特别明显，萧同叔子忍不住笑出声来。郤克感觉受到奇耻大辱，出宫后发誓说：“如果不能报复此辱，绝不渡过黄河！”因为这种私怨，郤克提出：“必以萧同叔子为质，而使齐之封内尽东其亩。”国佐回答说：“萧同叔子为寡君之母。晋、齐匹敌，也是晋君之母。以国母为质是不孝。晋怎能以不孝号令诸侯？”又说：“先王疆理天下，实行因地制宜。怎能‘尽东其亩’，只为保证晋国兵车行驶方便？如果晋国再相逼迫，齐国只有背城一战，决死到底。”郤克害怕了，于是答应了国佐的要求。孔子特意在《春秋》中记载“和国佐签订盟约”，是赞美国佐一怒，折服郤克，也表明克敌制胜不在于形势之强弱，而在于是非曲直正义与否。金人凌辱朝廷，远过于齐国被打败所受到的耻辱；四镇三关全部割弃，远过于齐国尽东其亩。

更何况还有亲王作人质，朝廷竟然都接受下来了，实在是耻辱呀！

这封信一传开，立即在朝廷上引起震动。金兵南下攻打大宋之变，是北宋建国165年来未有之变局，也是实行重内虚外的文官政治的宋廷国策所难以有效应对的全新变局。胡安国用孔子在《春秋》中隐含的大义针砭时事，剀切洞明，一一契合，这对于被这一变局打得晕头转向的宋廷君臣而言，无疑是光明和希望。于是人们都知道胡安国精通《春秋》，对于以《春秋》之义决断时政有深刻而高明的见解；同时也恍然明白，反复辞官的胡安国并非素来的隐士，对于朝廷国事有着深切的关注和忧虑，所以朝廷反复降旨，催促他尽快上京。

陛见钦宗

靖康元年（1126年）六月，胡安国到达京城。

七月初七的中午，钦宗皇帝紧急召见。见到皇帝的时候，是在后殿。才即位半年的皇帝很虚心地向胡安国请教。胡安国以理学家的立场，向钦宗提出："明君以务学为急，圣学以正心为要。心者，事物之宗。正心者，揆事宰物之权也。""正心"就是要用儒家伦理启发、要求和约束君主。胡安国也很中肯地指出钦宗之前虽然是太子，但即位很突然，原来对于帝王制世御俗之学，可能有所规避，老师讲学也会有所含糊，现在乍然即位，又面临紧急情势，必须要用心于帝王之学，而帝王之学的关键和根本又在于正心。这就是儒家的正心、诚意、修身、齐家、治国、平天下之学。所以，一切"无益心术者，非帝王之学也"，建议皇帝要谨慎选择懂得治国平天下的根本之学的名儒，虚心访问，以求得真正的帝王之学。这里也似乎流露出胡安国此来的用意——备皇帝访问，当然这也体现了他对于自己《春秋》之学的极度自信。

另外，胡安国直言不讳地批评了钦宗即位半年以来的混乱状况：纪纲紊乱，风俗衰败，措施失当，举动烦扰。大臣争斗，而朋党之患再次萌发；百官偷窥观望，而谗言奸谋日渐渗入；用人失当，国家官职让人看轻；命令反复更改，百姓对朝廷失去信任。这样下去将导致奸雄生心、敌人肆行、大厦倾颓。而导致这种情形的一个根本原因在于皇帝缺乏“一定不可移之计”，也就是缺乏一个现阶段的根本方针。

钦宗对于胡安国的指责并没有恼怒，而是沉思了一阵，问他的老师是谁？这是当年科举考试后哲宗也问过的问题，胡安国回答：“孤陋寡闻，莫逃明鉴。”看来，应该是他的思想确实有出众非凡之处，才引来两代皇帝的好奇。而他的回答也如回答哲宗一样高妙，当然，也是实话实说。然后钦宗让他去准备考试进入馆阁词臣行列。

胡安国回来后，将与皇帝的答问写成奏折，而对于词臣的任职，却先后四次上表推拒。

耿南仲却趁机排挤胡安国，第一次说胡安国指责皇帝登基半年不见政绩，是诽谤皇帝德行；第二次说他图谋经筵，不应该让他参加词臣考试；第三次说他以前不愿意侍奉徽宗，现在又不愿意侍奉钦宗，是不臣的行为。而对于耿南仲的指责，钦宗反而为胡安国辩护：“他当年是因为生病而辞官，并不是对上皇有背离之心。”不仅如此，钦宗进而向朝臣反复打听胡安国这个人，御史中丞许翰回答钦宗：“我虽然不认识他，但闻名已久。在上皇时代，蔡京做宰相时，很少有臣子不被蔡京笼络的。只有这个胡安国超然远离，不被蔡京所污，像这样的人能有几个？”钦宗赞叹不已，然后派中书舍人晁说之去传达他的意思，要胡安国先勉力任职，若将来仍坚持要辞职，则不再强留。胡安国参加了进入馆阁词臣的考试，后被正式任命为中书舍人，赐三品官服饰。耿南仲还是不甘心，指使司谏李擢、侍御史胡舜陟劾奏胡安国“稽迟君命，傲慢不恭，宜从黜削”，钦宗没有接受。于是，胡安国才正式上任中书舍人一职。

九次缴奏

胡安国任中书舍人的时间很短，靖康元年（1126年）九月上任，十月黜职，在中书省仅仅一个月，但他做了很多事情，先后共有9次缴奏。

第一件，缴奏中书舍人许景衡、晁说之黜职案。耿南仲劾奏当时的中书舍人许景衡和晁说之两人，说他们两人不能秉公任职，而是趋炎附势，依据大臣的升黜而进行驳奏，所以应该黜职。这里要补充一下耿南仲其人。耿南仲考中进士后，曾在太子宫中任职10年。当徽宗突然禅位给太子钦宗后，耿南仲作为钦宗心腹被拜为资政殿大学士，签书枢密院事，后升尚书左丞、门下侍郎。但耿南仲不满意，自以为作为东宫旧臣应当掌握大权。而吴敏、李纲被破格升职，官位在自己之上，他心中更是不平。于是每次处理政事就提出不同意见，排挤不附和自己的人。李纲等人认为不能和议，耿南仲则偏偏主张和议，导致战守军备都被停止。而许景衡和晁说之在金兵围困开封的战和之争中，力主抗金，反对割三镇，因此为耿南仲所嫉恨。说到这里，也就应该明白前面耿南仲再三反对胡安国任职中书舍人的目的。因此，胡安国拿到要黜落许景衡、晁说之的命令草稿，就立即缴还词头并上奏：“两人依大臣升黜为去就，必定要有过去的确凿说法；怀奸徇私，一定要有证据。”这次缴奏皇帝没有答复。

第二件，缴奏王安中责授散官、随州安置案。王安中是金人南侵的祸首之一。宣和四年（1122年），宋廷曾经联合金国灭辽，金人灭辽之后，归还燕京给宋廷。朝廷任命王安中担任庆远军节度使、河北河东燕山府路宣抚使、知燕山府。辽国投降的将领郭药师被任命为同知府事，就是王安中的副手。郭药师这个人非常跋扈，对燕山府事独断专行。王安中作为其上司，不仅不能控制郭药师，反而曲意奉承，导致郭药师愈发骄横。在金灭辽的过程中，燕山府后其他各州都被金人攻陷，只有平州为张觉所占据，未能攻下。金人进入燕山后，任命张觉为临海军节度使。后来张觉背叛金国，被金国打败之后投奔宋廷的燕山府。金国人认为宋廷收容张觉是背叛盟约之举，强硬索要，王安中便将张觉杀死，并以水银函其首，送给金人。辽国投降宋廷的将领都怨恨宋廷寡恩薄情，郭药师甚至愤愤扬言：“金人想要谁就给，若索要我郭药师，难道也交给他们吗？”王安中知道后很害怕，上奏朝廷，请求罢职。朝廷的处分是责授散官，随州安置。胡安国认为这样的处理太轻了，所以缴奏说：“王安中任燕山知府，位置重要，他却只知道畏避童贯，一味蒙蔽朝廷，一味地只想保官邀宠。燕地民生凋残，军队缺粮，敌人多变，他全不上报朝廷。他的罪过可以和蔡攸相提并论，而现在却安置在随州这样的近地。北方并州、朔方仍在金兵围城戒严之中，这样的处置如何压服人心？”结果，王安中被移置到象州。

第三件，论黜内侍。当时言官劾奏内侍王仍、张见道、邓文诰意图离间两宫（即太上皇和皇上），皇上下诏让三省查实。胡安国劾奏说：“意图离间两宫，则罪不可赦；将以遂其奸计，则恶不可留。”弹劾直指要害，简明深刻，结果这3个内侍都被黜职。

第四件，反对叶梦得落职。叶梦得和胡安国本是同年中进士，但叶梦得入京后与当权丞相蔡京交往密切，受到蔡京推荐，被徽宗召对。叶梦得对皇帝说："自古帝王为治，广狭大小，规模各不同，然必自先治其心者始。今国势有安危，法度有利害，人材有邪正，民情有休戚，四者，治之大也。若不先治其心，或诱之以货利，或陷之以声色，则所谓安危、利害、邪正、休戚者，未尝不颠倒易位，而况求其功乎？"徽宗惊异其言，大加称赏，特意将其升职为祠部郎官，后持续升迁为翰林学士。蔡京被追究责任时，叶梦得正在应天府尹任上，因为和蔡京的关系，也被弹劾追究，被罢职。胡安国上奏说："蔡京的罪恶已经得到应得的查处，其子孙也全部被编管处置，没有遗漏；土地、财产全部都被官府没收；现在已经没有所谓的蔡党了。如果说凡是蔡京当政期间任用的官员都是蔡党，那么，现在朝廷上蔡京的人就太多了，全部罢职的话，人才浪费也太严重了。"因此他认为，曾被蔡京援用，只是小小瑕疵，朝廷若能不加株连，正是消散朋党的好时机。结果，叶梦得被朝廷任职为小郡长官。这件事也表明胡安国对于自王安石熙宁变法以来愈演愈烈的朝廷朋党之争，是有比较理性公正的看待的。同时，也表明胡安国对待国事出以公心，没有丝毫个人恩怨。因为就前文所知，胡安国因为不受蔡京笼络，从而备受蔡京迫害，但他并没有迁怒于被蔡京宠任的其他官员。

第五件，反对何栗的天下兵分四道的提议。宣和七年（1125年）十月，金兵第一次南下攻宋，靖康元年（1126年）二月退去；靖康元年八月，金兵第二次大举伐宋。在此危局下，中书侍郎何栗建议分天下为东南西北四道，设置四个都总管，每人负责一道，作为朝廷抵御金人入寇的对策。这意味着对太祖皇帝赵匡胤定下来的重文轻武、重内轻外国策的调整。何栗其人，四川人，政和五年（1115年）状元，在金兵南侵中，坚决反对割河北三镇，和胡安国一样是主战派，但他分天下为四道的建议，有他深层的想法，那就是一旦京师失守，则让皇帝像唐玄宗一样幸蜀，而他自己就担任南道总管。胡安国认为不妥："内外轻重之势，必须保持平衡才能安全。东汉末年，变乱迭起，王室飘摇，刘焉认为之所以四方兵寇蜂起，是因为刺史权力太小，应该改置州牧，专任一方。结果刘焉求得益州，刘表镇荆州，袁绍得冀州，曹操取兖州，军阀割据，从此皇室徒有虚名。今天提出州郡太轻，应该通变，以天下数百州分为四道，政事的处置、财赋的调用、官员的任命、军队的赏罚，都由总管独断，这样的权限比东汉末年的州牧犹重。一旦有危急，若这四人都是尽忠之人还好，一旦和刘焉、刘表、袁绍、曹操一样独霸一方，又怎么办？"因此，胡安国建议，依据二十三路帅府，选择重臣，付以都总管之权，专治军旅。一旦有紧急情况，京城戒严，各帅府率师勤王。这样，既可拥卫皇室，又没有尾大不掉之虞，一举两得。钦宗听了双方争论，犹豫不定，最后进行了调和，还是分为四道，只是四道所属的辖区缩小了。

在反对天下分为四道这件事上，反映了胡安国对于宋代重文轻武、重内轻外国策在新的时局下如何应变的思考。他主张内外平衡，同时要防微杜渐，后一点很明显有《春秋》学的影响。

第六件，反对赵野做北道总管。钦宗既然分天下为四道，便任命大名守官赵野为北道都总管。胡安国认为北道位置极为重要，而赵野其人靠不住。徽宗年间，蔡京、王黼先后为宰相，各植党羽，互相排挤，在蔡、王执政的一进一退中，臣僚很难两边讨好，但赵野除外，蔡京、王黼都很信任他。宣和七年（1125年），他还被提升为尚书右丞和左丞。这样一个人，在童贯、王

黼、蔡攸、梁师成等的乱政中，身在二府，却无所干预，造成不可收拾的乱局，这样的人恐怕难以担当北道都总管的重任。但此时诏书已下，钦宗没有接受胡安国的意见。结果，这年冬天，金军南下，赵野遁逃，最后为群盗所杀。而钦宗任命的西道都总管王襄在汉水一带拥兵观望，不再勤王，事势发展大体如胡安国事先所料。

第七件，劾奏使詹度落职。宣和五年（1123年），北宋朝廷授予王安中燕山路宣抚使，同时调中山安抚使詹度和郭药师为燕山路同知（副知州）。在追究金兵南侵的责任中，王安中被移置象州，而詹度当时任资政殿学士，朝廷的处置是自金紫光禄大夫降职两级。胡安国上奏说："丧失燕山，其罪不下童贯；养成边患，使朝廷没有准备，其罪不下于王安中。处置只降两级，明显不合适。更何况现在国家依然面临金兵威胁，追根究源，首恶之人人人切齿，应该按照王安中的事例同等处置。"结果，詹度被罢职。

第八件，贬论冯澥，得罪众权贵。事情源于李纲被贬。李纲，字伯纪，号梁溪先生，祖籍福建邵武。政和五年（1115年），李纲官至监察御史兼权殿中侍御史，后被贬。宣和七年（1125年）冬，金兵两路攻宋，宋钦宗即位后，升李纲为尚书右丞，就任亲征行营使，负责开封的防御。李纲率领开封军民及时完成防御部署，亲自登城督战。最后金人无力攻破开封，在宋廷答应割让河北三镇之后，遂于靖康元年（1126年）二月撤兵，开封守卫战在李纲组织下获得胜利。金兵撤离之后，李纲即遭到宋廷投降派的排斥和诬陷。靖康元年五月，宋廷强令李纲出任河东、河北宣抚使，驱赶他出朝。李纲就任后，宋廷又事事加以限制，使宣抚使徒具空名，无节制军队之权。李纲被迫于靖康元年九月辞职，很快又被加上"专主战议，丧师费财"的罪名。贬斥李纲的诏书是刘珏起草的，吏部侍郎冯澥上疏劾奏刘珏的贬词是明贬实褒，为李纲游说，有朋党之嫌，刘珏因此被贬。针对冯澥的疏奏，胡安国上疏加以驳斥。首先，辩明刘珏的贬词并无不当，“厚于记功，薄于责过”是为了成就皇上圣德之美。其次，谴责冯澥疏奏刘珏是越职言事。监督官员本是台谏之事，而刘珏之言论，台谏没有劾奏，而冯澥本是吏部侍郎，却跨越自己本职而行谏官之职，这样的风气一旦开头，朝廷恐怕就无法安宁了。再次，冯澥以朋党为抨击理由，这是恶风之始。东汉末年，正是大兴党论，互相排挤，最后导致政权灭亡。蔡京在崇宁年间也正是用朋党论排斥异己、擅作威福、祸国殃民。今天国事危急之时，何忍再兴朋党之论？此疏奏一上，招来一众排挤。

原来，宰相唐恪和詹度是亲家，自然怨恨胡安国对詹度追究过于迫切；耿南仲早就对胡安国衔恨在心，上面提到曾四次阻挠胡安国任职中书舍人；在反对分天下为四道的劾奏中，他又得罪了何栗。这时耿南仲为门下侍郎，何栗为中书侍郎，都是三省台阁的掌权人，他们逋同一气，共同排挤胡安国，结果他被任命为右文殿修撰、通州知州。明知胡安国脚有病，而通州（今南通）临近海边，潮湿不堪，很明显，这是故意为之。

胡安国任中书舍人前后总共才一个月，因为足疾，大概有一半日子告假，剩下时间，几乎每上朝都有劾奏，别人劝他，有些小事情就不必管了。他回答说：“大事多起于细微。现在小事觉得不必说，临到大事又不敢说，那还有什么好说？”

胡安国离开京城十来天，京城就被金人再次围困。

他是在离开京城的路上，得到京师被金兵围困的消息的。此时他的长子胡寅还在京任职，宾朋们都为他担忧，他却说：“皇上在金兵重重围困之中，现在已是连号令都出不了京城。主忧臣

辱，我只恨效忠无路，岂敢担心儿子！”对于他的一腔忠心，听到的人都很感动。就在京城被围困的紧急时刻，钦宗曾急招他和许景衡，但号令已经无法顺利送达。

反复辞官与反复建言

靖康二年（1127年）五月一日，作为赵氏皇族厄运仅存的幸运儿赵构，在南京应天府（今河南商丘）即位，成为南宋的开国皇帝，庙号高宗，改年号建炎，用以象征赵宋中兴有望，并在即位大赦诏书中宣示：“同徯两宫之复，终图万世之安。”也就是说，最低目标是迎回两宫（徽宗和钦宗），最高目标是万世安稳。胡安国在忧愤重重中得到消息，立即给高宗皇帝上书，直言徽宗在位九大过失：一是求言而塞言、失信于天下，二是阻塞言路二十年，三是阿谀颂声满朝，四是近小人黜贤人，五是立党籍以陷害善类，六是宦官掌政，七是变法乱政，八是穷兵黩武，九是大兴土木。这9条全面概括了徽宗在位20年的乱政。而钦宗即位于危难之中，对这九失，仅仅去掉了大兴土木一项，其余8项依旧风行，又怎能救国于危难之中？他说，《春秋》一书，对于弃信之失、拒谏之失、导谀之失、轻用名器之失、互分朋党之失、信用阉侍之失、轻易改作之失、外事边功之失都是微言惩戒的。最后，他悲愤而又痛切地恳请高宗：祖宗陵寝陷落敌手，徽宗、钦宗被虏，这是不共戴天之仇恨、沧溟难洗之耻辱，唯有君臣一心，捐躯奔走，誓灭仇敌！

其言忠愤，其心恳切！

上书没过多久，六月四日，高宗任命胡安国为给事中。此时正当黄潜善为宰相，他专权妄为，斥逐忠臣。胡安国于是再三上书辞职，并因此致书已是尚书右丞的许景衡，提出了为政的基本建议——谨礼于至微，并指出了当时地方上巡社制度所存在的重大问题，结果得罪宰相黄潜善，被指控为不应该总是辞职，于是给事中的任命罢止。

建炎三年（1129年），枢密使张浚推荐胡安国是可以大用的人才，朝廷再次任命胡安国为给事中，他再次推辞。同时，他给宰相吕颐浩写信，希望以嘉祐之政为榜样，拨乱反正。朝廷再次通过州郡催促他上京，同时，高宗还对他在京城任职的大儿子胡寅说："你的父亲还没有到，你可以给你父亲传我的旨意，尽量快点来，我在翘首盼望。"胡安国感受到高宗的殷切之意，遂从湖北荆门赶往行在地建康（今南京）。

赋诗荆江

胡安国沿路从汉水入长江，向当时高宗行在建康出发。舟入荆江，过赤壁，在这历史风云激荡的地方，胡安国感慨不已，诗兴迸发：

舟入荆江东赴建康

长江渺渺接天浮，万古朝宗日夜流。

洲在尚传鹦鹉赋，台高应见凤凰游。

路经赤壁怀公瑾，水到柴桑忆仲谋。

白日幸无云物蔽，好看澄景对高秋。

路经赤壁，怀想的是"公瑾"周瑜；水到柴桑，忆念的是"仲谋"孙权。与赤壁之战相关的有刘备、孙权和曹操三方的众多英雄，与柴桑一地相连的至少还有他敬重的陶渊明，他为什么独独惦念周瑜和孙权呢？

这与当时的国家局势密切相关。自高宗于建炎元年（1127年）五月一日在南京应天府即位以后，任命当时“天下人望之所归者”李纲为宰相，任命宗泽为开封知府、东京留守。应该说，这两个任命都是及时而正确的。李纲和宗泽都是坚定的抗金派。由当时形势看，由于金人悬军深入，实际只占领了河北与河东十多个府、州、军，大部分州县仍然固守待援，所以反击是有条件的。而宗泽在开封一带联络两河义师，也有力地抵御了金军的凌厉攻势。可惜高宗的真正想法却是向东南逃跑以避开金军，他重用的心腹黄潜善和汪伯彦也是逃跑主义者，于是李纲在担任宰相75日之后，被迫辞去宰相职务，而宗泽也在独木难支的悲愤中于建炎二年七月初一去世，临终时还三呼“过河”，旁边的人都泪水潸然。高宗即位后很快下诏巡行东南，建炎元年十月，终于如愿以偿地将“行在”（即皇帝和朝廷的临时驻地）从南京应天府（今河南商丘）搬到了扬州，并任命黄潜善和汪伯彦为左右宰相。建炎三年初，金军急袭扬州，高宗仓皇逃命，一直逃到杭州，以原来的杭州州府衙门为行宫，下罪己诏，并罢免黄潜善和汪伯彦的宰相职务，这就是所谓的维扬之变。一波未平，一波又起，高宗在维扬之变后又经历了另一场大惊吓，那就是苗刘之变。黄潜善和汪伯彦罢相后，高宗任命朱胜非为宰相，任命王渊为同签书枢密院事。率部戍守杭州的武将苗傅和刘正彦对此不满，遂发动政变，逼高宗退位，立高宗幼子赵旉为皇帝，改元明受，所以又称明受之变。苗刘之变历时仅一月，便被同签书枢密院事吕颐浩、礼部侍郎张浚联合武将韩世忠、刘光世和张俊一起镇压了。从维扬之变到苗刘之变，短短两三个月，高宗深受打击，他于建炎三年六月初再下罪己诏，承认自己没有经邦的远图、没有勘定祸乱的大略、没有服人之德、失去了驾驭臣下的权柄”，向天下求直言，这表明高宗对于岌岌可危的局面开始有了比较清醒的认识，而且开始寻求某种程度的改弦更张。此后任命吕颐浩为右相，张浚为知枢密院事，将行在迁到江宁府，并改名为建康府。而张浚就在这段时间内向朝廷推荐了胡安国，高宗也急不可耐地反复催请胡安国赶往行在。

胡安国就是在这样的局势下从荆门赶赴建康的，所以这时候心里更多的是怀着浓烈的期望。他怀念着在江东开疆拓土并顽强抵抗曹操的周瑜和孙权，也呼唤着这样的英雄来应对此时的危局。同时，他对自己也是充满信心和颇有期许的。他先后向执政许景衡、宰相吕颐浩写信，建言时政，提出的都是经世致用之良方。所以诗歌的情调是颇为高昂的，首联写景兼抒怀，“长江渺渺接天浮，万古朝宗日夜流”，境界阔大，情调自信，长江日夜东流，万古朝宗是不变的。颔联写景兼咏史，“鹦鹉洲”是武昌西南长江中的一个小洲，因祢衡曾作《鹦鹉赋》于此而得名。“凤凰台”在江宁府城内之西南隅，南朝宋元嘉十六年（439年），有三鸟翔集山间，文彩五色，状如孔雀，音声谐和，众鸟群附，时人谓之凤凰。于是起台于山，谓之凤凰山，里巷曰凤凰里。“鹦鹉洲无恙，尚流传着祢衡的名篇《鹦鹉赋》；凤凰台还是很高，应该可以看到象征吉祥的凤凰飞翔”，这里洋溢着江山无恙的渴盼和欣喜。颈联叙事咏史，追怀公瑾和仲谋，实际是他今日的呼唤和展望。尾联“白日幸无云物蔽，好看澄景对高秋”，白日无云，澄景高秋，既是写实，也是象征。他信心满满，情怀直上碧霄。在胡安国为数不多的诗中，这是情调最为高昂的一首诗，可以想见他当时之心情。他对赤壁的感怀应该是极深的，所以，他另外还有一首专门咏赤壁的绝句：

赤　壁

片语能令孙仲谋，气如山涌剑横秋。

莫言诸葛成何事，万古忠言第一流。

如果说上一首是咏赞周瑜和孙权的，那么这一首便是对诸葛亮的咏赞，片言只语就能让孙权心折，接受孙刘联合以拒曹操，气势如山，锋芒如剑。虽然出师未捷身先死，统一大业并未完成，但是万古忠言第一流，光照千秋。赤壁对于胡安国而言，是建功立业，是抗击入侵，是以弱胜强，是耿耿忠心。

池阳折回

但他并不知道，前路等着他的并不是朗日晴空的万里高秋，而是黑云压城和风雷滚滚。走到池阳的时候，听说高宗车驾已经避往姑苏（今苏州），甚至准备继续东走，行程无法确定。

发生了什么事呢？

鉴于维扬之变的教训，高宗驻跸建康之后，采取且战且避方略，实际是且避且逃。一方面，中原地区的开封，自从宗泽去世以后，继任者为杜充。面对金军的南下攻势，杜充率军南撤，直奔建康，淮河流域失守，京东、京西和淮南的广大地区陷入敌手。南宋朝廷不仅没有追究责任，反而任命杜充为同知枢密院事，兼任江淮宣抚使，统兵十万，镇守建康。金军于建炎三年（1129年）十月抵达江淮一带，杜充投降，高宗被迫逃向明州（今浙江宁波），金军追至明州，高宗又被迫下海，船队在台州（今浙江临海）和温州一带漂流将近四个月，直到建炎四年四月，听说金军北撤，高宗一行才上岸还归越州（今绍兴）。南宋偏安江南的局面开始稳定。

还在池阳的胡安国得到朝廷大乱、皇帝东逃的消息，正好又感染了重疾，于是向留守司奏明情况，便返回了。就在这一天，高宗下诏，任命胡安国提举临安府洞霄宫。

朝廷再召

绍兴元年（1131年）十一月，朝廷再次下诏任命胡安国为中书舍人兼侍讲，他上疏辞免，同时也写信给当时的宰相秦桧，提出了应对时局的九大建议：一是早定国计；二是宰相集权；三是反对朝廷对盗贼的一味招安政策；四是认为朝廷的湖北分镇的设置不妥；五是建议朝廷收敛权柄，严分正名；六是建议朝廷精选监司、郡守、县令；七是在军事方面，实行《春秋》“理戎”之法；八是尊崇礼制，严致孝享；九是强宗室。这9条反映了胡安国对时政的深入思考，也体现了他对秦桧的殷切期望。朝廷没有接受他的辞请，再次派人催促他上京。于是他决意再次上京，在出发的时候，他又给高宗上了著名的《时政论》。

《时政论》

胡安国留下的文献中，最有影响和分量的当属《时政论》。该文写于绍兴元年（1131年），此时的赵构政权在长达3年的逃亡之后，正是惊恐初定。早在建炎四年（1130年）二月开封陷落，宋廷在中原地区所建的东、西、南、北四京便已全部失陷。到绍兴元年，陕西一线宋金仍在鏖战。因此，胡安国此文写作宗旨是“保国”，也就是说，胡安国为高宗献上的是系统的保国方略，包括定计、建都、设险、制国、恤民、立政、核实、尚志、

正心、养气、宏度、宽隐等12个分略，宏大而周密。

《定计》尖锐地指出高宗自登基以来国无定计而至于狼狈逃窜的事实。

《建都》则是提出建都建康的建议。胡安国写此文时，行在还在绍兴，但高宗正准备迁都临安。因此，此文其实意在驳论迁往临安之说，只是他比较巧妙地以立论的方式加以驳斥。应该说，胡安国建都建康的方略，比之临安，无论从历史还是现实来说，都是对南宋政权更为有利的。

《设险》则指出了朝廷“荆峡分镇”措置失误：“欲保江左，必都建康，欲守建康，必有荆峡。”并进而提出了江左设险保国体系：“欲固上流，必保汉沔；欲固下流，必守淮泗；欲固中流，必以重兵镇安陆，此守江常势。”

《制国》则提出，当国者必须要周知一国的山川、形势、物产，才能明确设险所在，兵食所出。

《恤民》则提出了系统的恤民理论，包括革除暴政、精择县令、减轻赋税、改革弊政、裁减官吏等5个方面，并着重抨击了当时大量存在的添差现象，确实是切中当时行政之弊。

《立政》则是提出了两个方面的要求，一是君主、宰相、六部各司其职，二是正三纲。后者主要针对靖康以来张邦昌僭窃名号自立、黄潜善迷误国事、苗刘之乱以下犯上等乱臣、叛臣之罪而言的。

《核实》实际是追究高宗即位以来立政之失，主要是黄潜善、汪伯彦、范宗尹等大臣“变乱名实，颠倒是非”于上，台谏“乱毁誉之实”于下，导致李纲、马伸等忠臣直士遭受不公平待遇。这恐怕也是胡安国写《核实》一节用意所在。

《尚志》则是旨在劝谏高宗以抗金复仇为志。

《正心》《养气》《宏度》《宽隐》乃理学家致君以道的陈论，对于急于星火的现实而言，多少有点迂腐，但对于长远国计而言，却也是必要的。

胡安国此文从构思和内容上而言，以保国为宗旨，定计、建都、设险、制国为解当务之急和目前之困；恤民、立政、核实乃根本之计和长远之图；尚志、正心、养气、宏度、宽隐乃致治之要，因为君主贤明与否，乃历朝治乱之关键和根本。如此层层递进，叠屋织网，而又梁柱纲目分明，将指点江山与批驳现实巧妙地融为一体，在南宋初年的国势飘摇、不知何向的情形下，实属少见，应是胡安国忧心国事、思之有素的结晶，体现了他出色的政治才华。故他自己也颇为自负："虽诸葛复生，为今日计，不能易此论也。"

陛见高宗

高宗收到胡安国的《时政论》之后，又派人催请，另外重新任命他为给事中。

绍兴二年（1132年）七月，胡安国到达京城临安，被高宗召见："早就听说你的大名，很渴望见到你，你怎么屡召不至？"胡安国再拜感谢，然后重申了《时政论》的建议：保护国家必先定计，定计必先定都，建都择地必先设险，设险分土必先遵守一定制度，遵守制度以守护国家，必先恤民。国家有民众，好比人有元气，不能不体恤。根除乱贼、精选县令、减轻赋敛、更正弊法、裁省官吏，这些都是体恤民众之事。而要做好这些事情，必先立政。立政有道，必先核实。核实就是是非毁誉各不乱真。是非核而后赏罚当，赏罚当而后号令行。人心顺从，唯上所命。以

守则固，以战则胜，以攻则服，于是天下就可安定。要实现这一点，关键在于皇帝是否有这样的志向。确立志向就是确立根本，使心归于正，就可以断决事情。培养浩气，就可以制敌；恢宏气度，就可以用人。宽待隐士，是为了崇尚道德。具备这些条件，帝王之能事就都具备了。他还请求将《时政论》交给宰相讨论执行。高宗对于他的建议没有明确答复，但对他非常尊重。

宋代制度，臣僚每隔数日，轮流上殿指陈时政得失，谓之“转对”，也叫“轮对”。

讲读《春秋》

胡安国任职给事中才十余日，又以足疾提出辞职，高宗说：“听说你对于《春秋》有很深的心得，正想请你讲论《春秋》呢？”于是把《左氏春秋传》交给他校点句读和标正读音，他回答说：“《春秋》一书是孔子亲笔修订，修完之后，他的弟子没有人能改动一个字。《春秋》一书将经世致用的典章具体体现在历史事件上，不是那些空泛言论可比，其中蕴含的道理精微深奥，难以窥测。皇上现在正深陷艰危之中，不是玩味文采的时候，《左氏春秋》的记载过于烦琐散碎。您如果决心收复河山，使乱臣贼子恐惧而不敢妄为，那么就应该用心于孔子修订的《春秋》，因为帝皇统治天下的道理和制度都在这书里面。”高宗连连点头。八月一日，胡安国参加转对。他在转对中直接对皇帝说：“我在给事中位置上将近一个月，经历的多是臣僚叙资升迁的小事，很少有劾奏，对于朝廷没有贡献，感到惭愧。”然后再次提出了《时政论》中建议的定计、建都、设险三件大事，希望皇上重视实行。可见，此时的胡安国对于国事有一种深切不能自已的忧心，对自己《时政论》中的建议不被重视也很无奈和急切。当然，对于高宗的态度也积蓄着不满。高宗很快任命胡安国兼职侍读，让他专门讲授《春秋》。任命他为侍读，是对他的《春秋》学的肯定和重视。高宗当时有4员讲读官，他们请求各讲一经，被高宗否决：“他人讲经，哪能同胡某相比？”胡安国为避免同僚嫉妒，请求在外将自己的《春秋》心得编撰成书再进献给高宗，也被高宗否决了。

劾奏朱胜非

绍兴二年（1132年），宰相吕颐浩推荐朱胜非为同都督江、淮、荆、浙诸军事。高宗因朱胜非在苗刘之变中尽心竭力保全自己，对朱胜非颇有好感，当即批准。朱胜非（1082—1144），字藏一，蔡州（今河南上蔡）人。维扬之变后，黄潜善和汪伯彦被罢相，高宗任命朱胜非为宰相，苗刘之变时，朱胜非善事斡旋，保护之功居多。平乱之后，朱胜非认为自己与政变者有一种不明不白的关系，今乱已平，必须退位待查，让“公议”审察，方能真正洗刷嫌疑。因此他提出辞职，高宗也接受了朱胜非的辞

职，并因此对他心有感念。基于这些原因，吕颐浩推荐朱胜非为同都督江、淮、荆、浙诸军事，立即得到了高宗的批准。胡安国作为门下给事中，对此事却不认同，立即进行了劾奏，劾奏的理由有四条：一是黄潜善、汪伯彦为宰相时期，朱胜非也是朝廷一员，却只是阿谀附会，放弃原则，导致维扬之变；二是尊用张邦昌，允许其子孙叙录做官，这是枉顾三纲、置君臣大义于不顾的倒行逆施，作为做出决策的成员之一，具有不可推卸的责任；三是在苗刘之变中，作为宰相，贪生怕死，使皇帝蒙受耻辱；四是在目前强敌凭凌、叛臣肆无忌惮的形式下，江、淮、荆、浙一带军事措置极为重要，人选当否，关系国家安危，朱胜非这样的奸邪之臣岂能任职？高宗只得改命朱胜非担任侍读。对于新的任命，宰相吕颐浩害怕胡安国还会上奏反对，于是在行文程序上绕过胡安国，直接命令捡正官黄龟年签书放行。胡安国本为门下省给事中，掌门下省的“封驳”之权，绕过他下达官员任职命

按宋制，任命官员，由宰执共同议定，由中书省吏人写成熟状进呈皇帝审查画“可”，再颁付中书省“造命”，中书省转门下省“审读”。如有不当，中书省有舍人“封缴”，门下省有给事中“封驳”，然后再转尚书省执行。

令，这是不合程序的越权行径，所以他极为愤怒，直接上奏高宗，认为吕颐浩和黄龟年的行为是“侵紊官制，隳坏纪纲”的行为；认为朱胜非在应对苗刘之变中的做法是大错特错不能饶恕的行为——依据《春秋》大法，在君王的废立上，只有是非原则，没有权宜之说，而现在因为朱胜非和苗刘叛逆妥协敷衍，反而得到调和保护皇帝的评价，这是完全违背《春秋》大义的做法，也是对君王最为不利的做法。所以，他认为自己是门下给事中兼职皇帝的《春秋》讲读官，吕颐浩越过他任命朱胜非为侍读的做法，是对门下给事中职责的侵权，是对《春秋》讲读官的侮辱，依据孟子“有官守者不得其职则去”的原则，坚决提出辞职以表示抗议。结果反而被吕颐浩倒打一耙：“胡某屡召，偃蹇不至，今始造朝，又数有请。初言胜非不可任，以同都督改命经筵，又以为非。岂不以时方艰难，不肯致身尽瘁，乃欲求微罪而去。其自为谋则善矣，百官象之，又如国计何？”这里抓住胡安国多次辞职来做文章，说朝廷多次征召他都拖拉不来，这次来了又反复提出辞职。任职给事中，对于朱胜非的江淮都督军事的任命进行了封驳，朝廷接受他的封驳改任朱胜非为经筵官，他又不同意，这样反复刁难，只不过是想辞职而已，结论是胡安国在国家艰难时刻，不能奉公献身，只是谋一己之安全，是一个自私自利的官员。结果胡安国被免去给事中和讲读官的职务，降职为提举建昌军仙都观。

这是绍兴二年（1132年）八月二十一日发生的事。当晚右相秦桧连上三份奏章，力保胡安国，高宗不从。第二天，侍御史江跻上书，力言朱胜非不可用，胡安国不当责。右司谏吴表臣也上书：“胡某带病觐见君主，也是想要在实际工作中推行自己的学问，发挥自己的才能，为国效力。现在无故罢官，恐怕不好向天下人交代。”结果高宗都没有接受。秦桧主动辞去右相职务。吕颐浩趁机黜落给事中程瑀、起居舍人张焘及江跻等20余人，台省为之一空。

胡安国因降职而离开都城，乘船溯江而西，三日后到达衢梁（今江西衢州），下船访医。二十来天后，再度登舟，又到丰城（今江西丰城）寄居半年，其间访友授徒，然后南归湖南衡岳，买山结庐，从此决绝官场仕途，隐居著书授徒以终。

第三节 捍卫洛学

进献《春秋胡氏传》

岁月荏苒，如白驹过隙。

胡安国自绍兴二年（1132年）返乡，转眼已是3年。南宋和金的战争继续进行，但胜负已有变化，朝局也发生了极大变动。绍兴四年（1134年），吴阶率领宋军在川陕前沿取得仙人关大捷，岳飞率岳家军乘胜收复襄阳、郢州六郡，而后岳家军奉命东下，在庐州（州治在今安徽合肥）击败金与伪齐刘豫联军。绍兴五年二月，高宗任命赵鼎为左相、张浚为右相并兼知枢密院事。张浚立即举荐胡安国为徽猷阁待制，知永州。胡安国毫不客气地拒绝：“摈斥三载，未能寡过，不敢当次对之除。不习吏事，年衰病剧，不能胜共理之寄。”“不敢”和“不能”的措辞表明，胡安国态度决绝而不无嘲讽。但高宗的答复却很客气：“胡某经筵老臣，因病辞职，我也很怜惜慰劳。可以依从他提举江州宋代为了优待宿儒老臣，设宫观之职，监庙者或者主管宫观者可以不到宫、观、庙等所在地赴任，只领取俸禄养身就行。因此，这其实是宋代厚养官员的形式之一，很多离退休甚至贬职的官员都可以得到这样的闲差，并不需要上任。

太平观的请求，让他好好修纂《春秋传》，写好后立即进献给我，以满足我崇儒重道的夙愿。”态度两相对比，真是挺讽刺的。发泄完不满，胡安国还是很高兴，因为此时的提举江州太平观一职，在他看来，算是得其所哉。在他眼里，朝廷的宫观官的设置本就是养老优贤之用，这次诏书任命他提举宫观而修纂《春秋传》，恰好体现优贤之意。于是他更加用心修纂《春秋传》，并加快了进度，最后将全书缮写一遍，总共十万余字，于绍兴

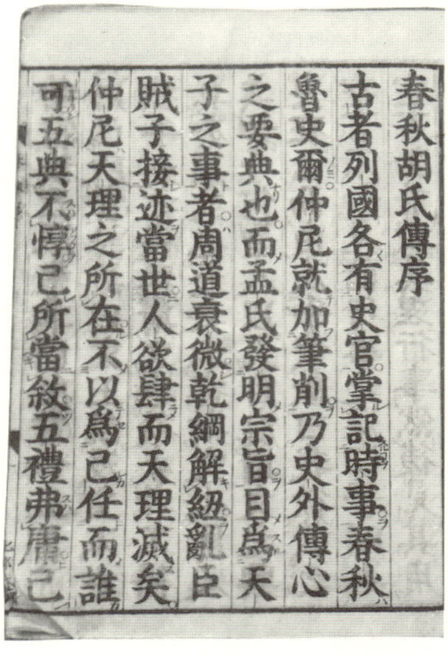
春秋胡氏傳序
古者列國各有史官掌記時事春秋
魯史爾仲尼就加筆削乃史外傳心
之要典也而孟氏發明宗旨目爲天
子之事者周道衰微乾綱解紐亂臣
賊子接迹當世人欲肆而天理滅矣
仲尼天理之所在不以爲己任而誰
可五典不惇己所當敘五禮弗庸己

《春秋胡氏传》

六年（1136年）底进献给高宗。高宗大加称赏，反复对亲近臣僚说：“胡某《春秋传》深得圣人孔子的深意，绝非其他儒家学者所能相比的。”又任命他为提举万寿观兼侍读。

陈公辅攻击程颐之学

然而就在胡安国进献《春秋胡氏传》的当口，朝中发生了请求禁止程颐之学的风波。绍兴六年（1136年）十二月二十六日，谏官陈公辅上奏说：“在朝廷之臣，不能上体圣明，又复辄以私意取程颐之说，谓之伊川学，相率而从之。”他认为“使颐尚在，能了国家事乎？取颐之学，令学者师焉，非独营私植党，复有党同之弊，如蔡京之绍述，且将见浅俗僻陋之习，终至惑乱天下后世矣”。因此，“伏望圣慈特加睿断，察群臣中有为此学，相师成风，鼓扇士类者，皆屏绝之”。

此事的背后牵涉到当时赵鼎和张浚两位宰相互相排挤之政局，也牵涉到二程理学（又称洛学）和王安石新学之争。北宋神宗时期开始，就有二程理学和王安石新学之争，表现为变法与反变法之争，二程理学派因反对变法而被列入旧党，新学派被称为新党。新旧两党之争在哲宗、徽宗两朝延续，愈演愈烈。程颐于绍圣三年（1096年）被定为反对新党的“奸党”成员，贬到四川涪州（今四川绵阳），崇宁元年（1102年），又被列入元祐党人碑，夺官，并追毁了他的全部著作（实际上，由于其门人竭力保护，仍被保留下来），五年后程颐就去世了。南宋初年，由于宋高宗的“最爱元祐”的思想导向，二程理学开始兴盛，尤其在赵鼎为宰相期间，二程理学得到蓬勃发展。绍兴五年（1135年）二月，赵鼎和张浚并为宰相，军事由张浚负责，政事和人才选用由赵鼎负责，两人相处，开始亲如兄弟，但好景不长，两人由于为政理念和利益的冲突，开始互相排挤。赵鼎尊崇程颐之学，反对王安石新学，他任宰相后，全盘否定王安石新学，推崇二程理学，起用元祐一派后人，尤其是大量选用程氏一派学士大夫，形成“伊洛之学（二程理学）从此得昌”的局面。张浚本是黄潜善所推荐，也推崇二程理学，但对王安石新学有较为公正的态度，认为“元祐待熙丰人太甚，所以致祸。人无君子小人，孰不可为善”。也就是说，对于元祐旧党和熙丰新党之争，他认为元祐旧党也有过分之处，所以并不赞成赵鼎“唯元祐是善，唯熙丰是恶”的用人态度，而他的门下更多的不是道学士人，而是才干之士。当赵鼎正准备召程颐仍在的最有名弟子尹焞入朝的时候，张浚让台谏弹劾赵鼎，赵鼎于绍兴六年（1136年）十二月罢相。而陈公辅本是赵鼎一党的范冲所推荐，当赵鼎罢相、范冲降职为提举江州太平观之后，他心怀不安，反戈一击以自白，上了这样一道攻击程颐理学的奏折。陈公辅之疏意在指斥赵鼎结党营私，肆为异同，但借了伊川之学为入口，公然大肆批驳程颐之学。

陈公辅奏折攻击程颐之学，远在衡岳的胡安国一直密切关注，这时他的长子胡寅在朝中任徽猷阁待制，书信往来密切。陈公辅奏折很快得到朝廷批复：“士大夫之学宜以孔孟为师，庶几言行相称，可济时用。览臣僚所奏，深用怃然，可布告中外，使知朕意。”这个批复的意思很明显，就是说读书人要以孔孟为师，而不是以程颐为师，要做到言行相称，而不是学“狂言怪语”“高视阔步”的奇特行径。这既是对陈公辅奏折的全面肯定，也意味着下达了禁止程颐之学的命令。朝廷批复之后，权礼部侍郎董棻因推迟下达禁止程颐理学的命令，并且上言表示了异议，被贬官知衢州。直秘阁、新任两浙东路提点刑狱公事张九成

也因此牵连被罢官。

上疏护卫洛学

局势发展至此，胡安国忍无可忍，愤而上奏朝廷进行反驳：

士以孔孟为师，不易之至论。然孔孟之道久矣，自程颐始发明之，而后其道可学，而至今使学者师孔孟，而禁不得从颐之学，是入室而不由户也。夫颐之文，于诸经《语》《孟》，则发其微旨，而知求仁之方、入德之序，“鄙言怪语”，岂其文哉？颐之行，则孝弟显于家，忠诚动于乡，非其道义，一介不以取予，则高视阔步岂其行哉？自嘉祐以来，颐与兄颢及邵雍、张载，皆以道德名世，如司马光、吕大防，莫不荐之。颐有《易》《春秋传》，雍有《经世》书，载有《正蒙》书，唯颢未及著书。望下礼官讨论故事，加此四人封爵，载在祀典，比于荀扬之列，仍诏馆阁裒其遗书，以羽翼六经，使邪说不得作，而道术定矣。

胡安国主要表达了几个方面的意思：一是程颐之学是孔孟之学的入室门户。孔孟之道失去传承已经很久了，自程颐兄弟才重新开始阐述它，然后知道可以通过学习孔孟之道达到超凡入圣的境地。今天要学者师从孔孟，却又禁止从程颐的路子去学，是要人进屋子却又不让从大门进。二是程颐之言在于发明儒家经书的微言深旨，使后学者知道获取孔孟儒家仁德之道的方法、顺序，不是“鄙言怪语”。三是程颐之行是孝悌忠信廉洁之行，不是“幅巾大袖，高视阔步”的耸人行径。最后反而向朝廷提出要求给予程颐、程颢、邵雍、张载四人封爵。这四人皆以道学闻名于世，公卿士大夫钦佩他们并尊之为师，请朝廷收集四人遗书，经过校正后颁行天下，使倡导邪说的人不能兴风作浪，以起到辅助“六经”的作用。

胡安国的上奏，招来陈公辅与中丞周秘、侍御史石公揆的反击，他们劾奏胡安国学术邪佞不正。但胡安国这次的上奏对于二程理学的发展确有重要影响。李心传在《道命录》上提到：“元祐道学之兴废，系乎司马文正之存亡；绍兴道学之兴废，系乎赵忠简之用舍；庆元道学之兴废，系乎赵忠定之去留。”意思是说，二程理学的兴盛和衰落，有三个波峰，一是元祐年间，关键在于司马光的推崇；二是绍兴年间，关键在于赵鼎的推崇；三是庆元年间，关键在于赵汝愚的推崇。这里非常精辟地概述了宋代二程理学发展的历史，指出了理学发展和朝廷执政推崇的依存关系，即党魁和政魁的关系。北宋中后期，程颐、程颢建立自己的学说，元祐年间，司马光为宰相当政时期，大力弘扬推崇二程理学，这是发端时期；南宋绍兴年间，赵鼎为宰相当政时期，大力推崇程颐理学，这是二程理学在南宋的大发展时期；南宋庆元年间，赵汝愚为宰相当政时期，大力推崇程朱理学，这是理学在南宋发展的最高峰时期。这三个波峰的背后都隐含着一个理学的首领即党魁，第一个阶段党魁是程颐、程颢，第三个阶段是接续二程的朱熹，第二个阶段时期，胡安国隐隐起到了党魁作用。其时程门著名弟子，如游酢、谢良佐、吕大临、杨时都已过世，最有声望的是流落四川的直传弟子尹焞，以及在朝中的再传弟子朱震。尹焞虽在，但陈公辅之上疏本有针对尹焞入朝的原因，所以尹焞在受诏返京途中，在九江听闻陈公辅之奏疏和朝廷决定，只是回复朝廷：“学程氏者焞也，生事之二十年，今又二十年矣，请就斥朝廷耻之。”尹焞的回复体现了一种直面攻击的大无畏的

态度。

就朝野情势而言，当时二程理学更瞩望的维护人应该是朱震。朱震（1072—1138），字子发，世称汉上先生，湖北荆门人，程门谢良佐最出色的弟子，专精《易》学。政和五年（1115年）中进士。在任知县、知州期间，以为政清廉而闻名。胡安国任中书舍人期间就向高宗推荐召其为司勋员外郎，朱震借病没有赴任。赵鼎任宰相的时候，认为朱震学识渊博、廉政守道，又向朝廷推荐。宋高宗当即召见朱震，并问其《易》《春秋》之旨，他以所学答对。宋高宗听后，便提升他为礼部员外郎，兼川、陕、荆、襄都督府评议官。绍兴五年（1135年），高宗恢复经筵，从二月到十月，朱震连续擢升多次；绍兴六年，任给事中，又转左朝奉大夫。陈公辅上奏时，朱震没有回击，在看到朝廷理学局面不稳时，还向宰相张浚提出辞职，张浚没有同意。胡安国对此很不满意，他写信给在朝任职的长子胡寅说："子发这时候提出辞职，未免晚了。应该在陈公辅的攻击奏疏刚上奏时，就据理力争，力争不得则请辞职，这才是懂得进退的大义。现在不发一言，默然而去，岂不是辜负平生所学？可惜了子发。"这里，胡安国的不满中体现了一种浓烈的可惜之情，表明他其实和朱震的交情非同寻常。胡安国与谢良佐交情深厚，也曾任职荆门教授，朱震家在荆门，所以胡安国和朱震相交时间较长，也十分器重朱震，不仅在朝任职时推荐了朱震，后来朱震准备入朝前还向他请教"出处之宜"，胡安国告诉他，世界上只有探究学问、讨论政事是必须要商量请教的，至于自己人生的关键时刻，如人饮食，饥寒温饱都只能自己体会斟酌，不能决策于人，也不是别人能够决策的。而且他以自己的经验告诉朱震，自己从崇宁（1102—1106）以来，一切去就出处，关键时刻的发声和沉默，都是听从内心决断，即使是关系极好的游酢、谢良佐等朋友，也没有商量，当然也从来没有后悔过。人世间的名和利，就如蠛蠓细蚊飞过眼前，何足道哉！但朱震显然不具备胡安国的刚毅果断，所以在陈公辅攻击二程理学的时候，心中有点犹豫徘徊。赵鼎罢相后，朱震曾找到张浚问自己是不是应该辞职？过了几天又说，现在心里有主意了。胡安国知道朱震的这番犹豫后，连连叹息："这是什么话？遇到艰难时刻居然首先考虑一己安危，这还怎么能为国家谋长远之计？他平时读《易》都是为了什么呢？"

所以，就陈公辅上疏攻击程颐洛学而言，胡安国的反驳就成了当时二程理学阵营里最强烈的反击，也是最有力的维护。实际上，在朱熹崛起而大力弘扬二程理学之前，胡安国所开创的湖湘学派是程学的最大维护力量之一。《宋元学案》称"南渡昌明洛学之功，文定几牟于龟山"。这是说，宋室南渡，二程理学在南宋的传承和兴盛，胡安国的功劳和杨时并驾齐驱。

补叙一句，胡安国对朱震在此事上的表现多有批评，但朱震并没有怨恨他。绍兴八年（1138年）胡安国病逝的时候，朱震上奏为他请求谥号，极力褒赞他"正义直指，风节凝然""孝于亲，忠于君，好学不倦，安贫乐道""身死而言立"，应该说是对胡安国一生道德、行事和学问的极精到的评价。

大程書院
扶溝縣博物館

第三章

程门交谊：胡安国与程门弟子

胡安国没有直接师从二程与程门弟子，但他和程门弟子有着广泛而深入的交往，其中交游最多的是谢良佐、杨时、游酢三人，依关系而言，可谓亦师亦友。因此，就学统而言，他的洛学继承主要来自《二程遗书》，尤其是程颐之学，下接谢良佐、杨时、游酢，对程门理学应该算是私淑而得大成。

据《宋元学案》记载，“私淑洛学而大成者，胡文定公其人也。文定从谢、杨、游三先生以求学统，而其言曰：‘三先生义兼师友，然吾之自得于《遗书》者为多。’”胡安国没有直接师从程颐与程颢，也没有直接师从程门弟子，但他和程门弟子有着广泛而深入的交往，其中交游最多的是谢良佐、杨时、游酢三人，依关系而言，可谓亦师亦友。因此，就学统而言，他的洛学继承主要来自《二程遗书》，尤其是程颐之学，下接谢良佐、杨时、游酢，对程门理学应该算是私淑而得大成；从师承而言，胡安国与谢良佐、杨时、游酢等程门高足算是义兼师友。

第一节　胡安国与谢良佐

程门弟子中，和胡安国交往最深的应该是谢良佐。

初见执弟子礼

大约就在胡安国担任湖北路提举学事时，谢良佐任湖北路应城县宰，杨时此时正好在湖北路荆南府任教授。胡安国听杨时和游酢说起谢良佐，很是敬重谢良佐，向杨时讨了介绍信，前往拜见。当时就双方的地位而言，胡安国是以监司身份前往检查属下工作，但他到了之后是以后进礼谒见，“不敢问以职事”。入得公堂，见隶卒笔直地站在庭中，好像木偶人一样纹丝不动，立时肃然起敬。见面后很恭敬地向谢良佐问学。这件事在应城县引起轰动。为什么下属不出来迎接上司，反而是上司拜见下属？贤达邹浩听说这件事之后，非常感慨地说："此事人间久寂寂。"也就是说，中国历史上曾有过上位者礼贤下士，对德才高尚而地位卑下之人行恭敬之礼；也有上位者求道问学于下位者，而行弟子礼，只是这两种美事，已经很久没有听闻了，而于今日见之，能不感叹吗？此后，胡安国与谢良佐交往日密，问学益深。

只去得一个"矜"字

谢良佐跟胡安国说起初见先生程颢（明道先生）的情形：

先生（谢良佐）初以记问为学，自负该博，对明道举史书，不遗一字。明道曰："贤却记得许多，可谓玩物丧志！"谢闻之，汗流浃背，面发赤。明道却云："只此便是恻隐之心。"及看明道读史，又却逐行看过，不差一字，谢甚不服。后来省悟，却将此事做话头，接引博学进士。

这段话意思是说，程颢问起谢良佐读了哪些书，谢良佐博闻强记，颇为自负，对明道先生陈述自己读过的史书，滔滔不绝，不漏一字。结果程颢只是淡淡地说："你倒是记得很多，可称是玩物丧志。"谢良佐一听，满脸通红，汗流浃背，恨不得找个地洞钻进去。程颢看到他的狼狈情状，反而说了一句："就这表现便是恻隐之心。"仿佛是安慰或者是肯定。谢良佐其实不明白，只是在后来的随师学习中，特别关注先生怎么读史书。结果却发现，程颢读史书也只是一行一行读下去，不漏一字，跟自己读史书没有任何区别，谢良佐心中不解，当然也不服气。只是过些年之后才省悟过来。所以后来再见程颐，程颐问及他的学问长进，他回答道："这些年只是克服了一个矜字。"程颐问曰："怎么

说？”谢良佐回答：“检查反省自己的毛病，全在一个‘矜’字。”这里表明谢良佐的省悟所在：程颢和谢良佐两人读史书的方法确实一样，但程颢是通过读史书来体会其中道理，而谢良佐更多的只是在炫耀自己的历史知识，这就体现出华而不实的骄矜之气，他认为这是自己最大的毛病。谢良佐对此事感悟极深，触动也极大，所以后来与人讨论学问，总要说起这件事，希望对别人有所启发。同样，他也将这事跟胡安国说起：

> 文定公问曰：“‘矜’字罪过，何故恁地大？”谢子曰：“今人做事，只管要夸耀别人耳目，浑不关自家受用事。有底人食前方丈，便向人前吃，只蔬食菜羹，却去房里吃，为甚恁地？”

这段话的意思是，胡安国追问：“‘矜’字罪过，为什么这么大？”谢良佐说：“今天的人做事，只管向人夸耀显摆，不管自己内心是否真正明白而受用长进。有的人吃饭时，面前一丈见方的地方摆满了食物，就当着人的面吃，目的是夸耀自己的阔气。如果是蔬菜米饭之类的简陋饭食，就躲在房里吃，为什么这样呢？”这个故事非常有意思，谢良佐向胡安国讲述，旨在表达儒学是为己之学，而不是为人之学。孔子说：“古之学者为己，今之学者为人。”《学记》里也有：“记问之学，不足以为人师。”这就是儒家强调的学习的目的在于“为己”而不是“为人”，在于自家受益而不是向人夸耀，也就是对学习的知识要有内心的真实体会，要能有助于提高自己的道德修养，有助于丰富自己的内心世界，最终能笃诚信奉并实践它，使自己的人生变得充实、丰富、幸福，而不是为了夸耀显摆给别人看。胡安国应该受此影响很大，他对谢良佐弟子朱震论及自己一生行事：

> 至于行己大致，去就语默之几，如人饮食，其饥

饱寒温，必自斟酌，不可决诸人，亦非人所能决也。某之出处，自崇宁以来皆内断于心，虽定夫、显道诸丈人行，亦不以此谋之。而后亦少悔。浮世利名，真如蠛蠓过前，何足道哉！

这里实际就是真正的为己之学的体现：为己之学铸就了高尚的德行、坚强的内心信仰，见之行事便是内断于心而坚定不悔，不需瞻顾犹豫或者向他人求教指导；浮世名利只是外在矜夸而已。

谢良佐克己之学的影响

胡安国与谢良佐的深交，有问学的原因，也有个性相投的原因。谢良佐在程门弟子中，个性最为英明果决，朱熹曾说：“上蔡英发，故胡文定喜之。”胡安国个性早年刚烈急躁，有和谢良佐相似的一面。谢良佐针对自己的“矜”性，用儒家克己工夫来战胜它，“说话张筋弩脉，皆为有己。立己于胸，几时到得与天为一处？须是克己。才觉时便克将去，从偏胜处克。克者，胜之之谓也。”这里，谢良佐认为，说话高声大气，筋露脉张，都是自我偏激的表现，只有克己，克服私欲，从刚一发觉就要克制，从个性偏激处克制，才可以达到天人合一的和平雍容之境。谢良佐还说：“只如喜怒，须逐日消磨。任意都是人欲。”也就是说，由着性子喜怒都是人欲，都要一天一天地克服掉。胡安国年轻时性子刚急，因为严于克己，到年老的时候，气度冲淡旷达，容貌雍容肃穆，好像无喜无怒，这就是儒家追求的和乐而又严毅不可犯之象。这里体现了胡安国克己工夫之深，达到了变化气质臻于圣贤的境界。

谢良佐曾对胡安国论及他的“下学”工夫，比如曾写信给胡安国说：“儒异于禅，正在下学处。颜子工夫，真百世轨范，舍此应无入路，无住宅，三二十年不觉便虚过了。”何为“下学”？谢良佐曾说：“道须是下学上达始得，不见古人从洒扫应对上做起？”那么，“下学”就是日常的洒扫应对。何为“颜子工夫”？就是《论语》中记载的“颜子非礼勿视、非礼勿听、非礼勿言、非礼勿动”，简称“视听言动”工夫。那么，谢良佐的意思就是孔孟儒学和禅学的区别在于日常下工夫的地方，颜子工夫就是百世模范和榜样，不从此处入手，圣贤之学就没有门径，也无安住之处，人生便是空虚度过了。

松柏之操

谢良佐对胡安国的评价也很高。他曾写信给胡安国：“听说你问学和行道笃诚，德行和学问进步很快，长此以往，成就岂可限量！实在是后生可畏呀！要是能将你的道德学问用于小事上，作日用工夫，就更好了！”谢良佐本以英才焕发居程门第一，也是颇为自负之人，这样评价胡安国实在是难得。要知道，同样的说法，谢良佐是用在孔门颜回身上的：“唯颜子善学，故孔子有‘见其进，未见其止’之叹。须是百尺竿头，更须进步，始得。”对比之下，可以发现，谢良佐几乎是将胡安国视为颜子了。他还对自己的弟子朱震说：“康侯就如严冬里的松柏。皑皑的白雪中，百草枯死，而松柏挺然独秀。使他遭受这样的艰难困苦，可能正是上天要降重任给他吧！”孔子曾目睹严冬肃杀、万木凋零中松柏犹翠，万分感慨过“岁寒，然后知松柏之后凋也”，这就是儒家追求的松柏之操，而谢良佐用在胡安国身上，在那个靖康之变带来的天翻地覆、沧海横流的乱世中，何其难得！怎能不令人赞叹呢？

胡安国和谢良佐的弟子也有交往，主要是朱震和曾恬。朱震前面已提过，此处不赘述。曾恬，字天隐，晋江人，曾公亮之曾孙，少年就师从谢良佐、杨时等人，曾记录了谢良佐最初的言论。绍兴年间曾任中书舍人，后来秦桧为宰相时不愿与秦桧同流合污，被降职主管台州崇道观。胡安国和他一起编订了《上蔡语录》。

第二节　胡安国与杨时

程门弟子中，胡安国与杨时认识较早，交往也较多，情谊深厚，志同道合。他们为传播二程理学，继承孔孟道统，互相砥砺，于不同地域开启两个不同学派的端倪（闽学和湖湘学），成为南渡以后传播二程理学思想的最早最有力的典范，所以，《宋元学案》称两人是“南渡昌明洛学之功，文定几侔于龟山”。

杨时（1053—1135），字中立，号龟山先生，北宋南剑将乐（今属福建）人。曾以师礼见程颢、程颐，与游酢留下“程门立雪”之美谈。后杨时与游酢南归，程颢深情目送曰：“吾道南矣。”杨时与谢良佐、游酢、吕大临并称“程门四先生”，又与罗从彦、李侗并称为“南剑三先生”。杨时是闽学创始人，继承和发扬了二程学说，使其学术影响江南士人，传至江西和福建，三传至朱熹而集大成。

诗文交流

崇宁四年（1105年），胡安国提举湖南路学事时，杨时写诗相送：

送胡康侯使湖南

北溟有潜鳞，其广数千里。扬鬐历东海，泛泛等蜉蚁。百川竞奔注，漫不见涯涘。寄之天地间，大泽礨空耳。胡侯荆山资，妙质久砻砥。飞声动旒冕，持节照湘水。功名与时会，事道从此始。骅骝驾驾车，夷路道九轨。朝燕暮腾越，快意未为喜。圣门学须强，一篑亏可耻。扩之天地宽，于道乃云迩。为士贵弘毅，无忘味斯旨。

这首诗以北溟潜鳞比喻胡安国，希望他建立功名，更期望他坚定从事道学，弘毅以致远。

杨时还寄给胡安国《渚宫观梅寄康侯》诗：

欲驱残腊变春风，只有寒梅作选锋。
莫把疏英轻斗雪，好藏清艳月明中。

寒梅斗雪通常是人们歌咏赞叹的景象，但杨时更希望寒梅不要在斗雪中轻易凋谢，而是更长久地留得清艳，与月色相映生辉。

另外，杨时先后写给胡安国的书信有17封，主要探讨了格物致知问题、《春秋》纪元问题、程颐语录编辑问题、向子韶的墓志铭问题、对王安石《三经新义》的批驳问题、孔子弟子的进退出处评价问题、世道人心问题、外战内盗问题、湖南匪祸问题，内容从道学到政事，范围广泛，体现了两人极为密切的关系。

胡安国先后让自己子侄问学于杨时。宣和四年（1122年），胡安国命胡寅从学于杨时；宣和末，胡宁和胡宏到京师，又从学于杨时。

为杨时写墓志铭

杨时去世后，受杨时女婿陈渊之托，胡安国为杨时作墓志铭：

> 公天资夷旷，济以问学，充养有道，德器早成。积于中者纯粹而闳深，见于外者简易而平淡。闲居和乐，色笑可亲，临事裁处，不动声色。与之游者，虽群居终日，嗒然不语，接人以和，而鄙薄之态自不形也。推本孟子性善之说，发明《中庸》《大学》之道。有欲知方者，为指其攸趣，无所隐也。当时公卿大夫之贤者，莫不尊信之。
>
> 崇宁初，代余典教渚宫，始获从先生游，三十年间，出处险夷，亦尝覼之熟矣。视公一饭，虽蔬食脆甘，若皆可于口，未尝有所嗜也；每加一衣，虽狐貉缊袍，若皆适于体，未尝有所择也；平生居处，虽敝庐厦屋，若皆可以托宿，未尝有所羡而求安也。故山之田园，皆先世所遗，守其世业亦无所营增豆区之入也。老之将至，沉伏下僚，厄穷遗佚，若将终身焉。子孙满前，每食不饱，亦不改其乐也。然则公于斯世，所欲不存，果何求哉？心则远矣。凡训释论辨，以辟邪说，存于今者，其传浸广。故特载宣和末年及靖康之初诸所建白，以表其深切著明。而公之学

> 于河南，小尝试之，其用已如此，所谓“援而止之而止”，必有以也。“进不隐贤，必以其道”，岂不信乎！世或以不屑去疑公，盖浅之为丈夫也。

在墓志铭中，胡安国全面高度评价了杨时一生的道德、学问和事功。其道德修养变化于气质，体现一派和气；其德行体现于一生安居乐道，衣不求华，食不求精，居不求暖，不事产业，老年沉沦下僚，不以为忧。先生何以能如此？心远身自安矣。其学问在于推本孟子的“性本善”理论，阐发扩充《大学》《中庸》的深远道理，深得同辈的推崇。其官位虽不高，但其政事在河南小有尝试，便有卓著体现；仕途宦旅体现“援而止之而止”的风度，是有其内在的原则的。“援而止之而止”是个典故，出于《孟子》，是说柳下惠的，柳下惠不认为侍奉坏君主是羞耻的事，也不因为官职小而不屑做；到朝廷做官，不掩藏自己的贤能，必定按自己的原则行事；被国君遗弃也不怨恨，处境穷困也不忧伤。为什么能这样呢？他说：“你是你，我是我，即使你赤身裸体地在我身旁，你又哪能玷污我呢？”所以他能高高兴兴地同低贱的人处在一起而不失去自己的风度，拉他留下，他就留下。拉他留下他就留下，这也就是不屑于离开罢了。这里实际间接地评价了杨时晚年被蔡京推荐出来做官的问题。杨时晚年被蔡京推荐出来做官，招来不少贬议，但胡安国认为，杨时出来之后的建议如果都能产生作用，那么当时的危险形势一定可救得一半。后来的朱熹认为胡安国对杨时的评价极好。

与杨门弟子交往

胡安国与杨时先后相交30年，也与杨门弟子有交往，最主要的是罗从彦和陈渊。

罗从彦（1072—1135），字仲素，学者称其为豫章先生，南宋南剑州剑蒲（今福建南平）人，“南剑三先生”之一。据《宋元学案》记载，罗从彦早年师从吴仪，以穷经为学。崇宁元年（1102年），闻同郡人杨时得程氏之学，欣然向慕，徒步前往，学了几天后，惊得汗流浃背：“不到这里，这一辈子差点虚过了！”遂拜以为师。杨时称赞说：“唯从彦可与言道。”罗从彦后来又赴洛阳，向程颐请教《伊川易传》。归来后又再学于杨时很久。绍兴二年（1132年），因特科及第授惠州博罗县主簿。任满，入罗浮山，穷天地万物之理及古今事变之归。罗从彦继承了孔孟儒家道统学说，并能身体力行，创立豫章学派，著名门人有李侗、朱松等。罗从彦是闽学发展第一阶段的关键人物。他在杨时1000余名学生中“独得不传之秘”，所以朱熹对罗从彦评价甚高，认为“龟山倡道东南，士之游其门者甚众，然潜思力行，以重任自担而又造诣最深，只有仲素一人而已”。靖康元年（1126年），罗从彦得知胡安国在研究《春秋》，便将自己的著作《春秋指归》寄给胡安国，并写信希望他予以“指点”。胡安国后来回信交流自己的看法。但两人一直未见面，只是神交。胡安国和罗从彦弟子也有往来，比如朱熹之父朱松。绍兴元年（1131年），胡安国任职中书舍人兼侍讲时，朱松曾写信恭贺，称赞他为“邦国典型，人物冠冕”。后来朱松去世时，遗言要朱熹师从于胡宪，难免有对胡宪的老师胡安国的敬重之意在内。

陈渊（1067—1145），字知默，初名渐，字几叟，学者称其为默堂先生，南宋沙县（今属福建）人，自小聪明颖悟，从学于程颐，后来写信拜杨时为师，执弟子礼。杨时认为陈渊深得圣贤旨趣，遂将女儿嫁给他。绍兴五年（1135年），可能因胡安国推荐，陈渊充任枢密院编修官。陈渊与胡安国交往密切，现存陈渊写给胡安国的书信就有六封。陈渊去世后，胡安国之子胡寅还写有诗歌《挽陈几叟》，称赞陈渊“妙质曾挥匠石斤，久于其道更超群。皂貂破敝头蒙雪，黔突凄凉气吐云。忽上谏坡规帝德，又陪经殿劝皇坟。事功难必清名在，未辱先贤付托勤”。诗歌称赞陈渊资质高妙，学道勤奋，造诣高深，虽处艰难困苦而气势如云，做官勇于规谏皇帝，没有辜负老师的期望。这算是对陈渊一生功德的高度概括。

第三节　胡安国与游酢

程门弟子中，胡安国与游酢订交最早。可能是同乡的关系，胡安国先认识游酢，再通过游酢结识杨时，进而又通过杨时结识谢良佐等程门弟子。

游酢（1053—1123），字定夫，一字子通，学者称其为广平先生，亦称廌山先生，北宋建州建阳（今属福建）人，元丰五年（1082年）进士及第。程颢任扶沟知县时，特别重视兴办教育，召游酢前往帮助。游酢并从程颢受业。元祐八年（1093年），游酢又与杨时以正式的师礼见程颐于洛阳，后来与杨时、谢良佐、吕大临并称“程门四先生”。游酢的学问主要在于《易》学，认为《易》包括万有，而一言以蔽之，“则顺性命而已”。

胡安国与游酢是建阳同乡，何时相识，现已无资料可考。早在宣和元年（1119年），胡安国父亲胡渊去世，游酢应胡安国之请求，为其父亲作《宣义胡公墓志铭》。胡安国让大儿子胡寅从学于游酢。建炎三年（1129年），当湖北荆门盗贼猖獗之时，胡安国一家遭受大难，“江、淮、河、汉之间，群盗纵横，大盗蜂集，故庐文书数千卷悉为灰烬”。这样的慌乱中，因为急于逃难，胡宏将祖父、祖母的墓志铭遗失，直到绍兴十八年（1148年），才从游酢的第五个儿子游挟手中失而复得。

胡安国和杨时及游酢三人之间交往密切，往往在书信中相互提起。胡安国结识秦桧，也是源于游酢的推荐，“盖安国尝问人材于游酢，酢以桧为言，且比之荀文若。故安国力言桧贤于张浚诸人，桧亦力引安国”。更深的原因是：“秦尝为密教。翟公巽知密，荐试宏词。游定夫过密，与之同饭于翟，奇之。后康侯问人才于定夫，首于秦为对。云其人类文若，又云无事不会。”也就是说，秦桧曾经做过密州教授，翟公巽当时任密州知州，很赏识秦桧，推荐秦桧参加博学宏词科考试。游酢曾经过密州，和秦桧一起在翟公巽处吃过饭，对秦桧才华感到惊异。后来胡安国向游酢访问人才，游酢首先推荐秦桧，认为他的才华类似于荀文若（曹操的心腹谋士），而且是个全才，没有什么是不会的。于是，胡安国就极力向张浚推荐秦桧的才能，而且认为秦桧才华还高于张浚等人。这就是胡安国推荐秦桧的由来。游酢晚年好佛，甚至与尼姑往来，因而招致程门弟子批评。胡安国在临终之际，告诫弟子彪居正时也有提及：“圣门工夫，要处只在个敬字。游定夫先生所以得罪于程氏之门者，以其不仁不敬而已。”

第四节　胡安国与其他程门弟子

胡安国与其他程门弟子的交往，主要有侯仲良和王苹。

与侯仲良

侯仲良，字师圣，祖籍太原盂县，华阴人，生卒年不详，是二程的表弟。仲良父亲侯可（1008—1079）（还有一种说法是侯可是侯仲良祖父），字无可，年轻时倜傥不羁，崇尚气节。成年后笃志为学，博览群书，贯涉万类。“若《礼》之制度，《乐》之形声，《诗》之比兴，《易》之象数，天文地理，阴阳气运，医药算数之学，无不究其渊源”，终成享誉天下的饱学之士。后来游学四方，寓居陕西华阴。侯可最精西北地理，谈到当地山川道路、郡县部族，无不备具。在当时对西夏的战争中，受韩琦邀请，参赞军谋，为西北稳定做出了贡献。因为侯可的学问成就，“自陕而西，多宗先生之学”。他的外甥程颢称其学为“华学”。侯仲良在家学影响下，潜心理学，先后拜周敦颐、程颢、程颐为师。著述有《论语说》和《雅言》。侯仲良与胡安国的交往开始于荆门。当时胡安国一家在湖北荆门，而侯仲良一家因躲避战乱，从三山来到荆门，双方有了交往，时间长约三年。胡安国对侯仲良学问人品都很敬重，遂让胡宏、胡宁从学于侯仲良。他在给杨时的信中提到这件事，对侯仲良大加称赞：“讲论经术则通贯不穷，商略时事则纤微皆察。”说明侯仲良道学精深，时事洞明。胡安国也对侯仲良乱世沦落的遭遇感慨不已：“安于羁苦，守节不移”“时值艰难，使此辈身老贫贱，亦良可慨!”侯仲良有学问，有才华，有节操，劳苦羁旅不改其志，实在是难能可贵；时逢乱世，漂泊流离，身老而贫贱，实在是令人叹息而不平。所以胡安国也曾向罗从彦推荐过侯仲良。正因为侯仲良洞察时事，曾预言荆门“战乱将至”，建议胡安国一家离开荆门，而他自己也离开荆门转道福建去了。侯仲良也对胡安国的节操德行推崇备至，他曾对人评价胡安国：“某以为志在天下，视不义富贵真如浮云者，二先生而已，不意复有斯人也。”“不义而富且贵，于我如浮云”，这是《论语》中孔子的原话，也就是孔子的追求和人生写照。在侯仲良看来，真能做到富贵如浮云的，当世只有二程先生，没想到，二先生（程颢、程颐）之后，还有胡安国能做到！作为言必称二先生的侯仲良，这是极高的评价了。

与王苹

王苹（1082—1153），字信伯，是程门中年龄较小的弟子，其父亲迁居于吴地。王苹早年从学于杨时，后来从学于程颐，程门洛学能在吴中传播，主要仰赖于王苹。胡安国与王苹交往较早，大概在崇宁年间就与王苹论学。后来王苹归乡，直到绍兴五年（1135年），胡安国得知王苹被高宗召见并被任命为左朝奉郎兼秘书省正字，非常高兴，立即写信给王苹，并送去《春秋胡氏传》底稿，请王苹提意见。王苹也精通《春秋》学，赞同《春秋》是圣王之事，是经世法典。王苹对胡安国寄来的《春秋胡氏传》进行了认真的校对，并提出了自己的意见。

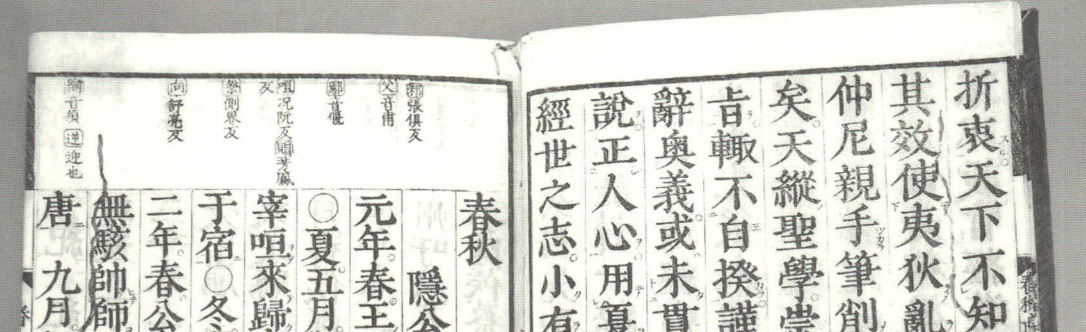

折衷天下不知所適。人欲日長天理日消。其效使夷狄亂華莫之遏也噫至此極矣仲尼親手筆削撥亂反正之書亦可以行矣。天縱聖學崇信是經延於斯時奉承詔旨輒不自揆謹述所聞爲之說以獻雖微辭奥義或未貫通然尊君父討亂賊闢邪說正人心用夏變夷大法略具庶幾聖王經世之志小有補云

邾張倶反　父音甫　鄢音偃　咺況阮反賵芳鳳反　祭側界反　向舒亮反　繻音須　逆迎也

春秋

隱公

元年春王正月。三月公及邾儀父盟于蔑○夏五月鄭伯克段于鄢○秋七月天王使宰咺來歸惠公仲子之賵。九月及宋人盟于宿○冬十有二月祭伯來。公子益師卒

二年春公會戎于潛○夏五月莒人入向無駭帥師入極○秋八月庚辰公及戎盟于唐○九月紀履繻來逆女○冬十月伯姬歸

第四章

毕生精力：《春秋胡氏传》

宋代理学家研治儒家经书，注重其中“义理”的发挥，胡安国研治《春秋》，就是以《春秋》为经世大法，为解决现实问题提供经典案例，为现实的经世致用提供法度和原则上的依据，为南宋君臣的决策行事提供依据和借鉴，达到近则恢复中原、收复河山，远则重整人伦秩序、实现儒家王道盛世的目标。

《春秋》本是一部记载春秋时期鲁国历史的典籍，所记起于鲁隐公元年（前722年），止于鲁哀公十四年（前481年），凡242年。后来的儒家学者认为，孔子亲自对《春秋》进行了删改，并在删改时寓以“大义”，所以成了儒家与《诗》《书》《礼》《易》《乐》并列的“六经”之一。这样，《春秋》之书就既包括鲁国历史的“事”，又包括儒家伦理的“义”。后来解析《春秋》的人侧重点各有不同，有的侧重其中所记载之事，把《春秋》看成一部史书，这一派以《左传》为代表；有的侧重其中所含的大义，把《春秋》看成政治、伦理之书，这一派以《公羊传》《谷梁传》为代表。宋代理学家研治儒家经书，注重其中的“义理”的发挥，胡安国《春秋胡氏传》就是以发挥《春秋》大义为主，是宋代理学家研治《春秋》的代表作，也是湖湘学派的奠基著作。

第一节　《春秋胡氏传》成书

《春秋》为经世大典

宋儒之研究学习儒家经典，基本遵循“通经致用”的路径，而《春秋》在儒家“六经”中，致用的特点无疑是最鲜明的。因而，宋代《春秋》学的研究，其著作之繁多，在儒家经典中，仅次于《周易》。而胡安国之研究《春秋》，根本原因也就是源于《春秋》为“经世大典”。

孟子最先提出《春秋》经世说。“世道衰微，邪说暴行有作，臣弑其君者有之，子弑其父者有之。孔子惧，作《春秋》。《春秋》，天子之事也。”孟子是说，春秋时代，时势衰败，邪僻的学说、暴虐的行为时有出现，臣子杀害君主、儿子杀害父亲这样的极端行为也出现了。孔子担心这样下去治理天下的正道都会泯灭丧失，所以编订《春秋》。《春秋》就是天子处理天下事的原则、理论和制度。后公羊家又张大其说，《春秋公羊传》里提到：“君子为什么要研究和学习《春秋》？因为《春秋》是消除混乱局面、恢复正常秩序的最好的儒家经典。”司马迁在《史记》里更是记载了董仲舒对于《春秋》经世特点的详细阐释：“周朝王道衰败废弛，孔子担任鲁国司寇，诸侯嫉害他，卿大夫阻挠他。孔子知道自己的意见不被采纳，政治主张无法实行，便褒贬评定242年间的历史是非，作为天下评判是非的标准，贬抑无道的天子，斥责为非作歹的诸侯，声讨乱政的大夫，为的是促使国家政事通达而已。《春秋》这部书，上阐明三王的治道，下辨别人事的纪纲，辨别嫌疑，判明是非，论定犹豫不决之事，褒善贬恶，尊重贤能，贱视不肖，使灭亡的国家存在下去，使断绝了的世系延续下去。补救衰敝之事，振兴废弛之业，这是最大的王道……《春秋》不过数万字，而其要旨就有数千条。万物的离散聚合都在《春秋》之中。在《春秋》一书中，记载弑君事件36起，被灭亡的国家52个，诸侯出奔逃亡不能保其国家的数不胜数。考察其变乱败亡的原因，都是因为丢掉了作为立国立身根本的春秋大义。”

宋代学者沿着“通经致用”的路径，注重《春秋》大义的探究。孙复著《春秋尊王发微》，认为《春秋》是“治世之大法”，程颐写成《春秋传》（仅成两卷），更是张扬《春秋》是“百王不易之大法”。“《春秋》一句即一事之是非”“《春

秋》之文，一一在于示人”“五经犹药方，《春秋》犹用药也。圣人之用，全在此书”。胡安国说：“吾于谢、游、杨三公，皆义兼师友，实尊信之。若论其传授，却自有来历。据龟山所见在《中庸》，自明道先生所授。吾所闻在《春秋》，自伊川先生所发。”这也就是胡安国私淑二程所在，从明道先生得《中庸》学，从伊川先生得《春秋》学。

胡安国在《春秋胡氏传》中多次称引孟子和程颐的观点，并奉为纲领，“大纲本孟子，而微词多以程氏之说为证”。并且非常明白地阐述《春秋》是孔子“传心之要典”“百王之法度，万世之准绳”：

> 《春秋》，鲁史尔，仲尼就加笔削，乃史外传心之要典也……（孔子）故曰我欲载之空言，不如见诸行事之深切著明也。空言独能载其理，行事然后见其用。是故假鲁史以寓王法，拨乱世反之正……其志存乎经世，其功配于抑洪水、膺戎狄、放龙蛇、驱虎豹，其大要则皆天子之事也……百王之法度，万世之准绳，皆在此书，故君子以谓五经之有《春秋》，犹法律之有断例也。学是经者，信穷理之要矣！不学是经而处大事、决大疑，能不惑者鲜矣。

这里的意思是，《春秋》本是鲁国的史书，孔子通过加以修订，把《春秋》变成了一部在字词之外蕴含着孔子的深远用意和心声的最重要的经典。孔子说：“我与其载述空洞的说教，不如举出在位者所作所为以见其是非美恶，这样就更加深切显明了。”载述空洞的说教只能承载道理，君王的所作所为却能体现道理的功用。所以，孔子借鲁国史书来寄寓三王的法度，达到消除乱世、恢复正常秩序的目的。孔子编订《春秋》

的目的就在于治理国家，其功劳堪与抑制洪水、讨伐外族入侵、驱逐龙蛇虎豹相比。《春秋》就大体关键而言，都是君王治理天下的事情。《春秋》一书，是百代王者的法度，万世治国的准绳。所以君子认为儒家五经中有《春秋》，犹如法律有案例一样。学习《春秋》这部经典的人，确实抓住了穷尽道理的关键！不学习这部经典而能够处理重大事情、决断重大疑难而毫无困惑的人，很少很少。

《春秋》与康济时艰

两宋之交，整个社会时势艰难：一方面，佛老之学的盛行，对儒学带来了挑战，这是一种儒家文化受冲击的危机；另一方面，金兵南下带来了直接的政治军事危机——中原沦丧、国破家亡的屈辱感和危机感。

儒家文化受佛老之学的冲击，从《佛祖统纪》中的一个故事可以见出：

> 王安石尝问张方平："孔子去世百年，生孟子亚圣。自后绝无人，何也？"张方平说："岂无？只有过孔子上者。"王荆公问："是谁？"张文定公言："江西马大师，汾阳无业禅师，雪峰，岩头，丹霞，云门是也。儒门淡薄，收拾不住，皆归释氏耳。"荆公欣然叹服。

这个故事里，张方平是宋神宗时期的宰相，王安石也是神宗熙宁变法时期的宰相，江西马大师（马祖道一）、汾阳无业禅师、雪峰（义存）、岩头（全奯）、丹霞（天然）、云门（文偃）是佛教禅宗的六位禅师。两位宰相感慨孔孟儒学自孟子之

后，再没有一流的人才，原因在于儒门淡薄，缺乏吸引力，读书人都被吸引到佛门里去了。张方平认为佛教禅宗的这六位禅师的才华超过孔子，王安石竟然也叹服。这就是宋代理学崛起的文化背景，也就是儒家文化面对佛教禅宗的冲击所带来的濒临溃散的文化危机。

靖康之变所带来的政治军事危机——中原沦丧、国破家亡的屈辱感和危机感，体现于靖康到绍兴年间的时势上，胡安国的儿子胡宏曾经有广泛的描述："中原陷没，二圣远栖于沙漠，皇舆僻寄于东吴，嚣嚣万姓未知攸底，祸至酷也。"江山沦陷过半，君主被虏被囚于沙漠，政权飘摇于东南，老百姓不知道明天在哪儿。这是对靖康之耻后南宋总体形势的精确概括。"水旱屡兴，蝗螟荐起""盗贼蜂起，贼杀人父兄子弟夫妇，流血成川，死于锋镝者以亿万计"，这是对南宋初年各方面形势的分述。"荆、峡单残，衡、湘罢敝，岳、鄂、武陵，群盗之区，八桂五羊，民方喜乱""以政则紊，启奸宄之心；以兵则弱，招外寇之侮；以财则匮，有内溃之虞"。荆峡、衡湘、岳鄂，即今两湖两广，是南宋的腹地和后方，朝廷管理、军事防御、财力支撑，都已崩溃。这些都是胡宏在奔波流离中的亲见亲闻。"居今之世，譬如乘敝舟，泛沧海，风涛汹涌，未知攸济。"放眼天下，盗贼遍于海内，黎民陷于死伤，国家政权如沧海破舟，随时有覆亡之忧。

政治军事危机又加剧和催化了社会道德伦理危机，胡宏对此曾痛心疾首地抨击："身为王臣而归从盗贼，身为太学诸生而投靠敌人朝廷，身为士卒却击杀守将，身为庶民却杀害守令……这样的事时有发生，上下习以为常，丝毫不以为怪，而三纲绝息，人道大坏""守令渔夺下民，有司扰乱州郡，台谏淆乱是非，执政坏法乱纪，将帅冒功滥赏。"整个官僚系统已经腐烂，而其根源在于君心多欲、官为民贼、吏为民蠹，如何救亡兴国？

这双重的危机给儒家士大夫带来了前所未有的刺激，他们谋求拯救危机的根本策略。胡安国是其中佼佼者，为此，他加快了对《春秋》学的研究。

艰难时世最需要《春秋》这样的经典来救世，而现实中《春秋》一书的传播和运用却又处于被废置的状态，原因在于王安石新学对待《春秋》这一经典的态度。“初，王荆公以字说训经义，自谓千圣一致之妙，而于《春秋》不可偏旁点画通也，则诋为断烂朝报，废之不列于学官。下逮崇宁，防禁益甚。”“近世推隆王氏新说按为国是，独于《春秋》，贡举不以取士，庠序不以设官，经筵不以进读，断国论者无所折衷，天下不知所适，人欲日长，天理日消，其效使逆乱肆行，莫之遏也。”胡安国崇宁四年（1105年）便开始研治《春秋》，而此时正是推崇王安石新学的时期。熙宁二年（1069年），王安石任参知政事，实行变法，他用《字说》来解释儒家经典，认为《春秋》字义没法解释，只是破烂的官方文告，于是将它废弃。发展到崇宁年间，这种废弃禁绝更加厉害。胡安国对此极为愤慨，认为儒家六经中只有《春秋》是孔子亲自修订，却因为王安石的禁绝，导致后来学校不学，科举不考，皇帝的经筵也不讲，国家决策没有一个判断的标准，全天下的人也无所适从，以致社会道德和礼制沦丧，最终出现靖康之乱。

结合上面两点就可以看出，胡安国研治《春秋》，就是以《春秋》为经世大法，为解决现实问题提供经典的案例，为现实的经世致用提供法度和原则上的依据，为朝廷的决策行事提供依据和借鉴，达到近则恢复中原、收复河山，远则重整人伦秩序、实现儒家王道盛世的目标。胡安国坚信《春秋》是既有儒家其他

五经之妙，又是使五经能够落实的经世法典。所以胡宏在《皇王大纪序》中饱含感情地写了胡安国撰《春秋传》的用心："我先人上稽天运，下察人事。述孔子承先圣之志，作《春秋传》，为大君开为仁之方，深切著明，配天无极者也。"这是以《春秋》为药方，药效为"仁"，近有救世之用，远有治世之用。这也就是儒家所说的"以斯文为己任"的承担，也就是道统为己任的承担，表正论而辟邪说以正人心，张扬民族大义以恢复中原，延续并进一步张大儒家精神，使之千秋万代，这就是胡安国写《春秋传》的根本原因和目的。程门高弟谢良佐、游酢、杨时等以斯文之任期待胡安国，也与此有莫大关系。

具体影响

以《春秋》经典来康济时艰，是胡安国30年苦研《春秋》的根本原因，但其过程中还有一些具体的师友影响。这里有三个方面：

首先是太学时期的师友影响。胡寅的《先公行状》提到："元祐盛际，师儒多贤彦。公所从游者，伊川程先生之友朱长文，及颍川靳裁之、朱乐圃，得泰山《春秋》之传。"北宋元祐（1086—1094）年间，太学老师多是德高学博的俊彦之师。胡安国在太学所交游的就有程颐的弟子朱长文，颍川的靳裁之、朱乐圃，从他们手中得到泰山孙复的《春秋》学的传授。那么，胡安国的《春秋》学的第一个直接影响，来自于孙复的《春秋尊王发微》。孙复（992—1057），字明复，号富春，晋州平阳（今山西临汾市）人，北宋理学家、教育家。孙复《春秋》学的特点，在于置《春秋》三传即《左传》《公羊传》《谷梁传》于不顾，完全凭自己的意思来解释《春秋》。他以“尊天子，黜诸侯”为中心论点，认为《春秋》“有贬无褒”，突出孟子的“孔子成《春秋》而乱臣贼子惧”思想。孙复的《春秋》学有助于北宋强化中央集权统治。

其次是谢良佐《春秋》学的影响。据《宋元学案》，程门弟子谢良佐曾经和胡安国探讨《春秋》学问：“《春秋》大约如法家断例也，但折以中道耳。恐因是及中庸，因‘中’有‘权’与‘取两者之中’之说。”这里，谢良佐认为《春秋》犹如法家断案的案例，取的是中庸之道。在程门中，胡安国与谢良佐交往最深，今日文字记载只有这一点，其实际影响可能不仅于此。

最后是程门弟子王萍的影响。前面已经提到王萍是程门中年龄较小的弟子，早年从学于杨时，后来从学于程颐。王萍精通《春秋》学，赞同《春秋》是圣王之事，是经世法典。胡安国曾将自己的《春秋胡氏传》底稿寄给王萍审看，王萍对胡安国寄来的《春秋》进行了认真的校对，并提出了自己的意见。

成书过程

根据《宋元学案》记载，《春秋胡氏传》成书过程艰辛而又漫长。

> 某初学《春秋》，用功十年，遍览诸家，欲求博取以会要妙，然但得其糟粕耳。又十年，时有省发，遂集众传，附以己说，犹未敢以为得也。又五年，去者或取，取者或去；己说之不可于心者，尚多有之。又五年，书成，旧说之得存者寡矣。及此二年，所习似益察，所造似益深，乃知圣人之旨益无穷，信非言论所能尽也。

这里表明，胡安国《春秋传》的成书前后历时30年，经历4个阶段：第一个阶段是最初十年，“遍览诸家，欲求博取”，也就是广泛阅读领会有关《春秋》的材料阶段；第二个阶段是第二个十年，“遂集众传，附以己说”，也就是整理材料、撰述初稿阶段；第三个阶段是“又五年”的“去取”阶段，也就是反复修改阶段；第四个阶段是“又五年”的“书成”阶段，也就是定稿阶段。写完此书，胡安国深深感到，对于《春秋》学这个领域，考察得越深，所达到的境界越高，同时也感觉圣人的旨意越加无穷，远不是语言文字所能表达出来的。

在胡安国《春秋》的成书过程中，有两个问题值得引起重视。

第一，宋高宗的需要和催促。

绍兴二年（1132年）七月，胡安国到达京城临安，被任命为给事中，受到高宗召见。高宗让他讲论《春秋》，并很快任命他兼职侍读，让他专门讲授《春秋》，表现出对他的《春秋》学的肯定和重视。

绍兴五年二月，赵鼎为左相、张浚为右相，张浚举荐胡安国为徽猷阁待制，知永州，胡安国拒绝后，高宗下旨让他提举江州太平观，修纂《春秋传》进呈朝廷。于是他更加用心修纂《春秋传》，并加快了进度，最后于绍兴六年底进献给高宗。高宗大加称赏，任命他为提举万寿观兼侍读，并诏书表扬他的《春秋传》“阐发孔子未能流传的心得要领，洞悉天人之间的奥秘，阐明孔子独有的论断，展示世道治乱的标准”。奖给他银300两，绢300匹。他念及家乡崇安宗族贫困，就把这次受赐的钱物转给老家胡氏宗族，要他们在祖坟附近买田盖屋，修葺曾祖、高祖坟地，并按照亲疏远近和困难程度，给予生活补贴。此后高宗就将胡安国的《春秋传》放在座位右边，每天中饭后读《春秋》，24

日读一遍。胡安国去世后，高宗又下诏书说："胡某《春秋》一书，阐明天下一王的大法。我正要重用他，却突然听到他不幸逝世的消息。赐银300两，绢300匹，并命令湖南本路转运司帮助办理丧事。另外赐田十顷给其后人，其他人不得比照沿用这样的待遇。"高宗特下恩诏并说明是特例，可见高宗对胡安国《春秋传》非同寻常、堪称前所未有的褒奖。

第二，南岳"春秋楼"。

胡安国撰写《春秋传》虽然历时30年，但自绍兴二年（1132年）任《春秋》讲读官辞职归来之后，主要是在衡山南岳书堂著书并授徒讲学。绍兴五年，宋高宗要他修纂《春秋传》以进呈朝廷，一直到绍兴六年底书稿最终完成，他都是在衡山南岳书堂中进行的。因此，后人为了纪念他在南岳完成了这部理学史上的重要著作，把他的南岳书堂称为"春秋楼"，把"春秋楼"前的一口池塘称为"春秋塘"。吴振生更写有《春秋楼记》："当是时，公独坐秉笔，深虑大义之莫明，而思所以引君于当道。其俯仰楼下，徘徊楼中，身山林而心魏阙，忧君爱国之真诚犹可想见。"俯仰楼下，徘徊楼中，徜徉塘前，身在山林而心忧朝廷，感慨时势，更忧心于中华孔孟伦理文化之兴继，其用志可谓专矣，其用心可谓深矣，其用力可谓勤矣！"春秋楼"与有功焉！

第二节 《春秋胡氏传》特点

此书作于宋室南渡之际，完成并表进于南渡之后，胡安国感慨时事，往往借《春秋》以寓意。就客观需要而言，胡安国修

撰《春秋胡氏传》，旨在救乱世，为亡国危机开一副拨乱反正的药方。

突出尊王攘夷

尊王攘夷的《春秋》“大义”并非胡安国的发明，但却为他所发挥，使之更富有鲜明性，更具有理论色彩，因而构成《春秋胡氏传》的鲜明特点。胡安国揭示的《春秋》尊王之义，主要表现在三个方面：

第一，定周王于一尊。

比如《春秋》原文隐公元年有“王正月”这样的记载，胡安国在后面阐释说：“谓正月为王正，则知天下之定于一也。”按照胡安国在文中提到的“土无二王”“尊无二上”的意思，“定于一”就是“定周王于一尊”，这就是胡安国所说的《春秋》“大一统”之义，由此得出诸侯继位要受命于天子，才是尊王，才是周王定于一尊的遵守和体现。所以在《春秋》的原文中，鲁隐公、鲁庄公、鲁闵公、鲁僖公即位都没有记载，而其他的鲁文公、鲁桓公、鲁昭公等即位都记载为“元年春王正月，公即位”。胡安国解释说：孔子这样记载的原因是因为鲁隐公、鲁庄公、鲁闵公、鲁僖公等人即位没有请命于周天子，所以在《春秋》中“不书即位”，用意在于“正王法”，就是阐明诸侯继位必须听命于周天子而不能自专，来昭示王权之独尊。

第二，诛讨篡弑之贼。

胡安国认为，春秋时代，“周衰道微，乾纲解纽，乱臣贼子接迹当世，人欲肆而天理灭矣”。孔子对于没有天子任命而自专即位的诸侯王，用“不书即位”来贬斥，那么，对于篡位弑君的行为更不能容忍："夫篡弑之贼，毁灭天理，无所容于天地之间，身无存没，时无古今，其罪不得赦也。"所以是要大加诛讨的。在胡安国看来，《春秋》诛讨篡弑之贼，方法不一：有的写"即位"，有的写"王正月"，有的写"葬"，其用意均在于彰明篡弑者之罪。

如鲁隐公被弑，鲁桓公继位，《春秋》书"即位"，胡安国认为这是意在彰明桓公的篡弑之罪，训示后代不能用邪僻来治理天下。

又如鲁桓公十八年，《春秋》书"春王正月"，这一年鲁桓公死，为何又写"王正月"？胡安国阐释说是为了表明弑君之贼鲁桓公虽然已死，但"弑君"之恶即使死了，王法也绝对不能赦免其罪过。

另外，胡安国认为，《春秋》诛讨篡弑之贼还表现在，君被弑而继位者不讨伐弑君之贼，与篡弑者同等罪恶，如鲁宣公为弑君者所立，他即位后却不去讨伐乱臣贼子，《春秋》书"即位"以表明其自立之罪。

第三，力诫权臣。

春秋时代，政权掌握在大夫手里，不少诸侯国出现了权臣当政，胡安国认为这是违背了周代礼仪的制定者周公的规定："我今立政立事，夫不自为政而委于臣下，是以国之利器示人而不知宝也……使政在大夫而诸侯失国，又岂所以爱之也。"这就是说周公辅佐年幼的成王，确定了立政立事的规矩——君主必须将政权掌握在自己手里。如果君主将政权和政事交给臣子，这是将国家政权最重要的工具交给了别人而不知道珍惜。政权掌握在大夫手里，也就意味着君主失去了这个国家。所以孔子在《春秋》中寄寓了"尊君抑臣"之旨，而胡安国又将这种微言大义加以阐发。

比如，《春秋》定公元年（前509年）条记载："元年春王。"这里书王不书正月，胡安国认为："元年必书正月，谨始也。定何以无正月，昭公薨于乾侯，不得正其终，定公制在权臣，不得正其始。"鲁昭公二十五年（前517年），鲁国因斗鸡而发生内乱，鲁昭公先后逃亡到齐国、晋国。国内由权臣季平子执政。鲁昭公三十二年，鲁昭公在晋国的乾侯这个地方去世，国内执政者立昭公弟弟为君，就是鲁定公。胡安国阐发《春秋》的大义说："写元年必定记载正月，这是谨于开始。但鲁昭公是死在晋国的乾侯这个地方，不能算正常死亡，而鲁定公的继位不是由周天子任命，其控制权在权臣季氏手里，不能算正常的继位。不记载正月，就是为了贬抑权臣。"

再如《春秋》僖公十七年（前643年）记载："灭项。"为什么直书其事而不为君主隐讳？胡安国解释说："季孙所为耳。"也就是说，当时鲁国的实际掌权者并非僖公，而是权臣季孙氏，"灭项"是季孙氏擅权非为，所以要直书彰显而不隐讳，这也是贬抑权臣。

另外，胡安国还从名实关系方面阐明《春秋》尊王之义。名实关系，是春秋时期思想领域中所面临的新问题。西周分封所确定的君君臣臣关系，在春秋的政在诸侯、政在大夫的巨大动荡中，名与实的对应关系已经发生倾颓和混乱，故孔子在子路问如何为政时，提出了"正名"的主张。

胡安国认为，孔子修订的《春秋》贯穿了孔子的"正名分"的思想，他把这种"正名分"的方法概括为两点：

一是"去其实以全名"，就是删去有损周天子尊严的事实以保全其称号。

比如鲁僖公二十八年（前632年）五月有"践土之会"，晋文公为盟主，召集诸侯大会于践土（晋地），周王赴会，劳问晋文公，此事如果如实记载，有损周王之尊严，所以《春秋》记载：“五月癸丑，公会晋侯、齐侯、宋公、蔡侯、郑伯、卫子、莒子，盟于践土。”这是“削而不书”，因为周王名为天子，实际还不如一小国之诸侯；晋文公虽号“侯伯”，却行天子之事。所以，胡安国阐释说：“与其名存实亡，犹愈于名实俱亡。是故天子下劳晋侯于践土，则削而不书，去其实以全其名。”这就是为周王隐讳，宁肯略去事实不记。

二是“正其名以统实”，就是说以周王之名号去改正有损于这个名号的事实记载。

比如鲁僖公二十八年冬，根据《左传》记载，晋文公和诸侯在“温”这个地方会盟，晋文公召请周襄王前来，并且带领诸侯朝见他，又让周襄王打猎。而《春秋》只记载“天王狩于河阳”，胡安国认为这是改写史实，目的在于尊重周王而又顾及晋文公的功德，这就是“以名正实”。

第四，“攘夷”之义。

关于《春秋》“攘夷”之义，胡安国认为这是孔子修订《春秋》的宗旨之一，也是胡安国对《春秋》大力阐发的地方：“韩愈氏言《春秋》谨严，君子以为深得其旨。所谓谨严者何谨乎？莫谨于华夷之辨矣……夷狄猾夏则膺之，此《春秋》之旨也。”胡安国由此很赞同韩愈对《春秋》的评价是“谨严”，但韩愈并没有说明谨严所在，胡安国对此进行了阐发，认为谨严所在就是“华夷之辨”，凡是夷狄扰乱华夏就要打击，这就是《春秋》的根本宗旨。具体来说，胡安国对孔子《春秋》的“攘夷”之义阐发有两个方面：

首先，胡安国以文化为标准来区辨“华夷”。“华夷之辨”

的“辨”就是区分辨别的意思，那么到底区辨在何处？历来解说儒家经典的，尤其是公羊家，常用地域观念来区辨华夏，所谓“内中国而外四夷”，就是中国境域内为“华夏”，境域外为“四夷”，那么，“华”是指中原的华夏族，“夷”是指中原之外的非华夏族，只有保持这种“内中国而外四夷”的状态，天下才会安泰。胡安国在继承公羊家观点的基础上，加入了新的义理阐发，以文化区辨“华夷”：“中国之所以为中国，以礼义也。一失则为夷狄，再失则为禽兽，人类灭矣。”显然，胡安国认为，以礼义为核心的华夏文化才是区分“中国”和“四夷”、先进和后进的标准，因此，他称“华夏”为“君子”，“四夷”为“小人”，这是将“华夷之辨”上升到文化的高度。

其次，胡安国对“攘夷”的态度分外坚决。比如鲁僖公二十一年（前639年）秋，宋襄公大会诸侯于盂（宋地），在盟会上反被楚成王抓住用来攻打宋国，对于这件事，《春秋》直接记载：“秋，诸侯会宋公于盂……于是楚执宋公以伐宋。”胡安国解释说：“《春秋》为贤者讳。宋公见执不少隐之何？夫盟主者，所以合天下之诸侯，攘夷狄尊王室者也。宋公欲继齐桓之烈而与楚盟会，岂攘夷狄尊王室之义乎？……直书其事而不隐，所以深贬之也。”也就是说，胡安国认为，春秋时代的盟主，召集诸侯会盟的目的本应该是攘夷狄尊王室，而宋襄公有心学齐桓公称霸，却又与夷狄之国楚国结盟，这就大大违背尊王攘夷的大义了，所以，孔子在《春秋》中直书其事而不加隐讳，就是要对他严加谴责。要说明的是，按儒家观点，春秋时期的楚国仍属于未开化的“蛮夷”，是要攘斥的。

第三节 《春秋胡氏传》的影响

绍兴八年（1138年）四月十三日，胡安国逝世于他本人创立的书堂内，享年65岁。朱震上奏高宗为胡安国请求谥号："公当蔡氏专权，弃官不仕，归养膝下，左右无违，靖康、绍兴出入禁闼，正义直指，风节凛然。方《春秋》大禁之时，慨然忧世，心无二虑，穷源阐奥，学遂愿行，其功不在先儒之下。"这里指出了胡安国的主要成就：当蔡京专权的时候，弃官不仕，专心尽孝；靖康绍兴年间，国家多难时节，为国分忧，正气凛然；在《春秋》经典被废禁的时候，忧心时事，专心研治《春秋》。因此，胡安国可谓孝顺父母、忠于君主、好学不倦、立德又立言的榜样。最后朝廷讨论并下诏书："守死善道，服仁体义，老而不衰，生多显名，没有遗美……以名世杰出之才，探千载不传之学，穷《春秋》奥旨，续前圣微言，旁贯诸经，网罗百氏，优游餍饫，久自得之，不可以势利回，不可以威武屈，近代以来，数人而已。""道德博文曰文，纯行不差曰定，请谥为文定。"这份诏令重点褒奖了胡安国研治《春秋》的独特而伟大的成就：探究千载不传的《春秋》学，穷尽《春秋》深奥的微旨，接续往圣前言，纵贯百家，潜心遨游，自成一家，所以谥号给予"文"字。另外，一生坚守道义，践履仁义，威武不能屈，富贵不能淫，这就是德行纯正没有丝毫差错，所以谥号为"定"。可以说，这样的评价是非同寻常的赏格。

胡安国的《春秋胡氏传》自南宋绍兴六年（1136年）进献给

高宗以后，高宗盛赞其“深得圣人之旨”，被列为经筵读本。元代仁宗皇庆二年（1313年），实行科举新制，便以《春秋胡氏传》定经文，与《春秋》三传并行，也就是说被奉为科举考试的官方定本。明代确定科举制度，以《春秋胡氏传》为主，由此逐渐发展到士子弃《春秋》经书不读，唯以此书为准的地步。明代永乐年间，胡广等奉旨修《春秋大全》，经文全以《胡传》为依据，所以清代编纂的《四库提要》总结说：“当时所谓经义（《春秋》经义）者，实安国之传义也。”也就是说，元明两代科举考试的《诗》《书》《礼》《易》《春秋》五经中，《春秋》一经用的便是胡安国的《春秋胡氏传》。直到清代康熙年间，编纂《春秋传说汇纂》，于胡安国的解说才有所驳正。可见，元明两代，可以说是尊崇《春秋胡氏传》的时代，到清代，这种独尊现象才开始改变。明代大学者李东阳说：胡文定“身既不用，其所为《传》，卓然成一家言，至我国朝遂列居学宫，用诸场屋，为不刊之典”。意思是胡安国既然不能在官场上发挥其经世致用的治国才能，退而著《春秋胡氏传》，成就一家之言，到明代便列为学校教育科目，用于科考，成为不可更改的经典。

清代康熙四十五年（1706年），朝廷赐“霜松雪柏”匾额一方，乾隆二年（1737年），拨内府库银建祠于隐山，并将胡安国居住地称为“胡文定祠”。

元明两代独尊《春秋胡氏传》的原因大概有三：一是元明两代学术宗法程颐、程颢和朱熹，程颐的《春秋传》仅成两卷，缺略太甚；朱熹没有研治《春秋》的著作，而胡安国之学出自程颐，可谓正宗，遂独用《胡传》；二是胡安国以义理解说《春秋》，更具有鲜明的正宗儒学特色；三是胡安国研治《春秋》以融会各家而有独创为主，其汇通精神与宋明理学“三教合一”的汇通精神一致，符合当时的学术风尚和主流。

而清代《胡传》地位削弱的原因大致有二：一是清代理学衰退，汉学兴起，研治儒家经典主张专门之学，排斥兼采众家的汇通之学，而胡安国以义理说经，为汉学所排斥；二是清朝的统治者是以少数民族入主并统治中原，这和胡安国《春秋胡氏传》所大力阐发的尊王攘夷观念存在明显抵牾。

胡安国以义理研治《春秋》，又志在“匡济时艰”，往往借经文申说其“经世”之意，难免有穿凿附会、过于深求之弊。胡安国自己也很明确承认这一点：“虽微辞奥义或未贯通，然尊君父，讨乱贼，辟邪说，正人心，用夏变夷大法略具，庶几圣王经世之志小有补云。”因为以恢复中原、拯救衰世为目标，以致其义理阐释可能有细微的深刻含义未能洞察的地方，但声讨乱贼、驳斥邪说、端正人心，用华夏文化来教化蛮夷落后文化的根本方略都已具备，对于圣人王道的经世志向应该小有补益。这是很谦虚其实又是很骄傲的说法了。南宋理学家朱熹评价：“胡氏《春秋传》有牵强处，然议论有开合精神。”这是比较公允的评价。这里说的“开合精神”应该是指其兼采三传而又突破三传的创新精神，以至于影响元明清几百年。《春秋胡氏传》传本较多，宋刊本今较罕见，明代有湖广两地刻本、崇道堂刻本、明正统十二年（1447年）刊《六经》本、内府刊《六经》本等，清代有《四库全书》本。

碧泉書院

第五章

晚年隐居：开创湖湘学派

胡安国晚年安居于湖南，授徒，讲学，著书，开创了湖湘学派。他除了讲学授徒和撰写《春秋传》以外，也提出了自己关于“性与天道”的哲学思想。他的哲学思想以及他的《春秋传》的学术风格，鲜明地体现出了湖湘学派的学术思想特色，在湖湘学派思想的形成和发展过程中居于重要地位。

胡安国籍贯在建州崇安籍溪里，他在这里出生、生活、学习，直到17岁时进京城太学。高中进士后，他仕途羁旅，躬耕漳滨，又逢上靖康之乱，战火流离，辗转漂泊。晚年才安居于湖南，授徒，讲学，著书，开创湖湘学派。

第一节　从碧泉书院到文定书堂

躬耕漳滨

胡安国宦途中第一个结下深刻缘分的地方其实是湖北荆门。首先，他的第一位夫人李氏是湖北荆门人。他于绍圣四年（1097年）高中探花，授常州军事推官。在上任之前，先到湖北荆门纳李氏为室，并承母命收养了同祖父兄弟胡淳之子胡寅。上任途中，路经江陵，被留任江陵府学教授。任满后转京师太学录和太学博士。崇宁四年（1105年）提举湖北路学事。到官后，改使湖南，提举湖南路学事。湖南路学事任上的推举人才风波使他深受打击，去意深深，而后先后逢母丧、父丧，一直都在湖北荆门居住。直到靖康之变，朝廷先后降旨，他忧念国家危难，幡然有重新做官为国效力的打算。建炎三年（1129年），他从荆门赴行在建康，可惜行至安徽池阳地界的时候，得知高宗朝廷已经仓皇东逃沿海，于是中途返回。

乱世飘荡

不幸的是，覆巢之下，难有安居。他从池阳赶回荆门时，荆门已沦为盗贼猖獗之地，家舍已被洗劫一空，然后又遭大火焚毁，多年积聚的数千卷文书也化为灰烬。他赶赴行在建康时，长子胡寅已经在京城任职，荆门家居由幼子胡宏坐镇。当时的乱象胡宏在《题祖妣志铭》中有记载："建炎己酉（1129年）之秋，江、淮、河、汉之间，群盗纵横，先文正被召趋行在，仲任行事。某当家责，以强暴逼入沮、漳之间，非遗种处也，则奉母令人及诸亲属，弃生生之资，渡岷江而南。不几月，大盗蜂集，故庐文书数千卷悉为灰烬。"战乱中辗转飘零，胡宏已经被迫带领一家老小，挈妇将雏渡过岷江，逃到了湖南、湖北和四川的交界地区。胡安国一路追踪家人，直到鼎州附近才相会。然后一家在建炎三年（1129年）冬天，穿越洞庭湖，经过宁乡，来到湘潭县。这里有他的弟子黎明的功劳。黎明，字才翁，湖南长沙人，大概是胡安国提举湖南路学事时收的弟子，以孝友忠信著称于乡。当他听到老师一家躲避战乱已经辗转来到湖南时，立即和老师取得联系，带领他们一家来到了湘潭县碧潭附近。

碧泉有本

> 苍然群木之下，翠绿澄净，藻荇交映，俗以其色故号为"碧泉"。登山四顾，乃洞庭之南，潇湘之西，望于衡山，百里而近，盖太古夷荒未辟之墟，而泉出于盘屈石山之下，凝然清光，微澜无波，沏沏而生。平岸成溪，放乎远郊，却步延目，溪虽清浅，而有长江万里之势焉。（胡宏《有本亭记》）

这是胡宏心中眼中对碧泉的第一抹惊艳：苍然群木，绿树成荫，泉水清澄，藻荇交横，微澜细细，清光凝凝。放眼四望，则

有本亭

洞庭之南，潇湘之西，衡山苍苍，百里之远；注目清流，净净浅浅，却有长江万里之势。所以，胡安国欣然赞叹：“此非沧浪之水乎？何其清之甚也！源可寻而濯我缨乎？”继而又好像恍然大悟，反复嗟叹：“水哉！水哉！唯其有本也，故不舍昼夜。仲尼所以有取也。”碧泉水啊碧泉水，为什么这么清澈呢？只因为他有根本呀！孔子曾经感慨“逝者如斯夫，不舍昼夜”，水昼夜不息地奔腾是奔向自己的目标和根本呀！在这刹那间，透过这汪碧泉，胡安国悟到了有本有源的大道之美，所以他兴奋地对身边的儿子胡宏、胡宁说：“我老了，就在这碧泉旁边安居，你们成全我的心愿吧！”他的弟子黎明立即和当地居民联系，买下了这块风景秀美之地，然后胡安国全家一起动手，砍去榛莽，种植松竹，芟夷杂草，疏通清流，修建院落，兴致勃勃而又充满希望地开辟和建设起心中的家园——碧泉文定书堂。

在此定居下来后，他很是享受这里的景物与生活，其《移居碧泉》曰：

买山固是为深幽，况有名泉洌可求。

碧泉

短梦正须依白石，澹情好与结清流。

庭栽疏竹容驯鹤，月满前川待补楼。

十里乡邻渐相识，醉歌田舍即丹邱。

山深而幽，泉清而冽。闲坐白石，可做短梦；清流无声，情怀澹荡。白日竹鹤交映，夜来月满前川。乡邻远近，荷锄碎语；醉夫酣歌，萦绕乡野。好一幅仙乡美景！因此，胡安国兴致勃勃地邀请荆门老友：

卜得湘山好结邻，移家又出鼎湖滨。

交深未敢抛知己，老病其如欲避人。

一柱贯头分手去，仲宣楼下别情真。

春帆肯问南天路，为煮清泉试味新。

一方面，居住漳水边上30年，朋友知交情深，别情依依；另一方面，年老多病有避世隐居之心，难得湘山湘水恰如心意；最

后，诚挚地邀请老朋友扬帆南下，他碧泉新茶清樽相待。

此后一段时间，胡安国就在碧泉讲学授徒并且著述《春秋》。绍兴十一年（1141年），胡宏筑亭于碧泉之上，取名曰“有本亭”，以碧泉清澈有本来纪念父亲有本有源有用之学。后来胡宏弟子张栻还写过《过胡文定公碧泉书堂》：

入门认溪碧，循流识深源。
念我昔此来，及今七寒暄。
人事几更变，寒花故犹存。
堂堂武夷翁，道义世所尊。
永袖霖雨手，琴书贲丘园。
当时经行地，尚想语笑温。
爱此亭下水，固若玻瓈盆。
晴看浪花涌，静见潜鳞翻。
朝昏递日月，俯仰鉴乾坤。
因之发深感，倚槛更忘言。

张栻正式拜入胡宏门下是在绍兴三十一年，跟从于胡宏学习的时间不到一年，但对碧泉的感情却很深。胡宏去世后，张栻曾先后多次回碧泉，至少现在见于张栻《南轩集》的诗歌记载就有乾道四年（1168年）、乾道八年和淳熙二年（1175年）三次。上面这首诗就是乾道四年的深情之言：碧泉水让人热爱，如玻璃一样清澈，晴日浪花细细吹涌，静处游鱼倏忽翩翩。碧泉仿佛一个千古哲人，朝暮送日月，俯仰照乾坤。徘徊其上，俯仰之间，想起文定公风节凝然，想起老师胡五峰先生，笑语温温，想起世事变迁，风霜雨雪已是七度寒暑，唯有寒花犹在，唯有碧泉依然，目送，又期盼，一如师公文定公，一如先生胡五峰，蔼然睿智而又坚定。所以，后来张栻还反复念叨：“书堂何寂寂，草树亦芊芊”“欲作他年约，扶犁山下田。”颇有归老于此并重振书院的念想。可惜，天妒英才，张栻于48岁骤然辞世，夙愿成空，徒留后人怅望千秋。

兵戈流离

碧泉山水之美使胡安国的家居生活宁静而愉悦。但，人在乱世，宁静往往是短暂的。就在他绍兴二年（1132年）罢职返乡在丰城停留的半年时间里，碧泉的家就遭了浩劫。洞庭湖周围的几个州郡，特别是潭州、岳州、鼎州、澧州诸地的百姓，在南宋初年遭受了溃兵、流寇和金国兵马的轮番蹂躏。先有金兵在长沙及其经行各地的焚杀掳掠，在此以前和稍后，又有李成、李宏、马友、曹成等流寇的窜扰，有的还曾长时期停留在这一地区。建炎三年（1129年）冬，南侵金兵的西路部队，也在渡江之后，由江西而转进到湖南境内，攻入潭州（今长沙），把全城住户大肆劫掠屠杀了一番，又渡江北去。绍兴元年春天，湘潭和衡阳一带又沦为巨盗马友和孔彦舟的乱兵交战场。所以绍兴元年，江西安抚大使朱胜非描述他从广西经过湖南到江西所看到的情形说：“自入衡州（今衡阳）界，有屋无人；入潭州（今长沙）界，有屋无壁；入袁州（今江西宜春）界，则人屋俱无。”这就是当时湖南一带的乱后惨景。湘潭无法存身，胡氏一门，移家邵阳，还未安定，别的乱因又来了，仓皇向南逃入武冈一带山里，与洞獠为邻。到年底，曹成打了败仗，带兵到了衡州，胡安国一家被迫迁于全州（今广西全州），很快又被迫逃到灌江（今属广西，湘江源头处支流）。绍兴二年春，胡安国被召赴行在，胡寅和胡宁兄弟随行，胡宏留守。在灌江与昭州接壤的山里，从冬天到春天，胡宏带着家人栖居三间茅屋，在瘴雾蒙蒙的山林里，湿木为柴，煮谷为米，仅能果腹。后来又惊险百出。一天夜里，正在睡梦中，忽然听见鼓声，大家哄然逃散，虽侥幸逃出逆贼之手，但胡寅之妻张氏与大家失散。等回家探亲的胡寅在清湘山寺中找到其妻张季兰时，张氏犹身穿夏日单衣，身边携带的只有胡寅的任命文书和一把小儿剃发的剪刀。张氏举着剪刀对胡寅哭泣说："到无可奈何的时候，唯有一死矣。"胡安国一家的艰险情形其实只是当时湖湘地区百姓逃难的缩影。绍兴三年（1133年）正月，胡安国从江西回到湖南，直到当年六月，全家才团聚在衡山之下，这让人情不自禁地想起杜甫"乱世遭飘荡，生还偶然遂"之言。将近一年的逃难，从湖南到广西，几多艰难与危险！胡安国当时有诗歌《题范氏壁》已失散，但从胡寅的《文定题范氏壁次韵》中"四海兵戈里，一家风雨中。逢人问消息，策杖去西东"的诗句可以看出当时乱世流离、存亡难知、百般惊险的情状。

终老衡湘

绍兴三年（1133年），胡安国一家团聚于衡山脚下。至此，经历了五六年的动荡生活，算是基本安定下来。大约在绍兴三年，他又在衡山紫云峰下买山结庐，造了另一个书堂，后来被称为"衡山文定书堂"，也就是赫赫有名的春秋楼。胡安国的《春秋传》的最后撰述和删改就是在这里。"春秋楼"建成之日，胡宏写有《上梁文》："气象巍峨，欣瞻日宫之近。川原膏壤，爰列舜洞之旁。背枕五峰，面开三径，就培松竹，将置琴书。良为今日之规，永作将来之式。"在胡安国生命的最后四年中，他应

文定书院

该是往返于湘潭碧泉书院和衡山书堂，讲学授徒，著书论学，同时密切关注时事。这从他的诗歌《春日有感》中可见一斑：

桃李成蹊径，春风到草亭。
泉光翻浪碧，竹色倚窗青。
纵懒从人鄙，忘机觉自醒。
济时暂束手，白头抱遗经。

这里很明显应该是湘潭碧泉，园中桃李成荫，草亭春风习习，泉光碧浪粼粼，窗前竹色青青。一切都让人舒适惬意，惬意到可放纵懒性，可忘机酣然，经国济民暂时袖手，白发遗经乐不可言。应该说，碧泉给了胡安国晚年以怡悦，以充实，以满足。

另一首是《紫云峰下闲居抒怀》：

群峰排闼拥柴扉，结得危楼倚翠微。

就枕涧边听瀑布，长吟松下指罗衣。

夷犹异地聊为老，流落名山可当归。

经学幸能通圣睿，莫辞校雠作深帷。

这首诗里直接歌咏的是胡安国校雠《春秋》学的自慰自豪心情。胡安国晚年居住在碧泉、衡山，五年几乎不去城市，偏爱幽深清静之所。碰到佳木秀树、碧溪清流，定然拄着拐杖，拂石而坐，徘徊观赏，留恋不去。

上述诗歌可以看出，晚年的胡安国是深深沉醉于《春秋》学和讲学授徒之中的，也是深深陶醉于湖湘幽静山水之中的。也可以说，晚年的胡安国既是在《春秋》学中安顿身心，也是在湖南的佳山秀水中安顿身心。

胡安国60岁时，就按照自己身体尺寸做好了“束身椑”，也就是棺材，每年上一遍油漆。生病后，不能再看书，便让胡宏取《春秋说》在跟前诵读，听到会心处，解颐一笑。还叮嘱胡宏：“要尽快建好家庙，万一我过世了，没有家庙，只能在室内行

胡安国墓

祭，那是不合于礼制的。”他二弟前来探病时，他相向哭泣，但还是哭泣着安慰了二弟。临终前，吩咐用深衣殓葬，不做佛事，然后对守在床前的儿子们叮嘱，“善事兄长，友爱弟弟。”再无一语，安然犹如归去。

胡安国死后葬于潭州湘潭县隐山。他一生两娶，第一位夫人李氏没有生育。第二位夫人王氏，是胡宁和胡宏生母，于建炎四年（1130年）去世，附葬于湘潭隐山。

衡山文定书堂在明清两代都曾重修，晚清重臣曾国藩还曾写《重修文定公紫云书院记》：“天下之书院，楚为盛；楚之书院，衡为盛，以隶岳故也。岳志载，衡书院十有八，唯胡文定公书院，独敕建为最著，以传《春秋》故也。”点出了文定书堂因胡安国的关系，在湖南及中国书院史上的独特地位。

第二节　胡安国的教育思想

胡安国一生做官的时间总计不过6年，主要是学官和谏官兼侍讲，而谏官兼侍讲的任职两任，第一任为中书舍人兼侍讲，前后不过一月；第二任是门下给事中兼侍讲，时间不超过两个月。由此可见，他的仕宦生涯主要是担任学官，包括任江陵府学教授、太学录、太学博士、提举湖北路学事、提举湖南路学事。因为从事多年的教育管理和教学，他对于教学是有丰富的经验的，从教育理念到方法制度都有自己的一套。虽然今天流传的文献资料有限，但也能够从中窥见一斑。

德行为先的教育理念

宋代实行极其严格规范的科举考试，在杜绝作弊和腐败方面防范周密，但就其考试内容而言，无论是诗赋还是策论，其实考查的主要是文学方面的才艺技能和治国见解，无法对德行进行考查。所以，宋代的理学家都比较反感这种以科举应试为目标的官学教育，而南宋书院的蓬勃兴起与纠正官学教育重文艺轻德行的不良倾向密切相关。胡安国在这方面可以说是一个理学教育的践行者。

早在胡安国考进士的时候，当时策问回答要求以王安石新政为主调作答，而他却是以恢复夏商周三代统治，以及阐明《大学》中的格物、致知、正心、诚意、修身、齐家、治国、平天下的道理作答，既体现了非凡的勇气，更反映了年轻的胡安国对于教育和人才以及治国有了自己较为明确的见解。在提举湖北路学事时，他赴任前向皇帝提出："学校所以养育人才，非治之也。今法令具矣，当使学者于规矩之外有所耻而不为。谨按圣门设科，成周贡士，皆以德行为先，文艺为下。"这里反映了他的"德行为先，文艺为下"的人才观和"养成教育"的教育观。他说，人才要"德行为先，文艺为下"，这既是针对当时科举考试重在考察文艺的弊端，也是针对王安石变法尚功利的弊端而发。他说，教育是养育人才，而不是管制人才，这是针对当时的学校单纯用法令和规矩来管制学生的弊端而发。这两个问题，前者涉及人才培养的规格，后者涉及教育产品形成过程中的外在法律约束和内在道德养成的问题。

正是在这样的教育探索和实践中，胡安国最后提出了"大底以立志为先，以忠信为本，以致知为穷理之门，以主敬为持养之道”的教育思想。这个教育思想实际已经涉及教育的宗旨和教育的路径两个大的方面。“忠信为本”是人才的培养规格，也是教育的根本宗旨——培养有德行的人才。当然，放在今天的视野下，德才二者缺一不可。二是教育的路径，立志为前提，致知是门径，主敬为康庄大道。这个教育思想的形成表明胡安国在忠实践行“儒者之学为己”的思想，即教育的目的是为了成就自己的道德人格，从而达到平治天下。

读书以变化气质为要

既然“儒者之学为己”和“德行为本”，那么为己的德行总要有所体现，体现在何处？胡安国认为最后体现在变化气质。“读书以变化气质为要”，这是他总是对学生强调的。因为生理遗传，人的个性各有偏向，如急性子、慢性子、外向、内向等，但后天的修养和教育对于先天的个性是有影响和改变作用的，所谓“性相近，习相远”。他自己年轻时性子刚烈而又急躁，但到年老的时候，已是气象淡泊旷达，容貌雍容庄重，好像无喜无怒一样了，这就是变化气质之功。他自己一生就是以圣人为目标，特别严于修身，才完成这样的气质变化的。据胡寅的《先公行状》记载：

（文定公）强学力行，以圣人为目标。初登科，同年燕集，微有酒，自是终身饮不过量。尝好弈，令人曰：“得一第，事业竟耶？”遂终身不弈。为太学官，同僚为谋买妾，既卜姓矣。叹曰：“吾亲待养千里之外，何以是为？”亦终身不复买也。奉使湘中日，出按

属部，过衡山下，爱其雄秀，欲登览，已戒行矣，俄而止曰："非职事所在也。"

这里说到的是四件轶事，但都体现了胡安国以成为圣人为目标、终身严于克己的特点。刚考中进士的时候，同年聚会，多喝了一点酒，他很快就意识到这样有失于放纵，有悖于圣人教育，从此之后一辈子再没有喝过过量的酒。他还喜欢下棋，考中进士后估计下棋的时候比以往有些多，他母亲批评他："中了进士就万事大吉啦？一辈子就此止步啦？"他接受批评，从此再没下过棋。在太学为官时，因孤身一人，同僚替他筹谋买一个妾来伺候他，人都已经打听好了，他又放弃了，他说："我的父母双亲远在千里之外需要我奉养，我又怎能买个妾来伺候我呢？"遂终身再没有动过这个念头。在湖南做官时，曾经因公经过衡山脚下，遥望衡山雄伟秀丽，不胜向往，准备登山观赏，一切都准备就绪了，又放弃了："这不是公事呀。"这就是纠气质之偏，实际就是严格的克己功夫。

胡安国严以律己，最终使自己趋向圣人人格。他也用这种方式来要求弟子和子侄。胡寅小时候顽皮不羁，桀黠难治，胡安国将他单独关在一间阁楼上，里面只有一些杂木，既是不让他外出生事惹祸，也是磨他的性子。结果胡寅将阁楼上所有杂木都刻满了小人。胡安国意识到胡寅聪明但任性，而且难以驯服，将来可能导致随性任意，将精力虚耗在无意义之事上，要想办法移其心性，纠正这种不良偏向。于是，他将数千卷书放在屋中，再将胡寅禁锢其中。一年以后，胡寅将数千卷书全部记诵下来了。胡寅后来能成为一代名儒，并写有《论语详说》《读史管见》等著作，跟这一次的"移心纠偏"是大有关系的。同样，对于三子胡宏，他也实行了纠偏教育。胡宏从小聪明好学，最得胡安国人格趣向之真传，15岁时就编制了《程子雅言》，并自作前后序，见解不凡，表现出较深的学问功底。胡安国担心胡宏早慧又早学早进，将来容易“果于己用”，就是过于自信以至于刚愎自用，所以将自己所写的《资治通鉴举要补遗》100卷送给胡宏，让他接受更系统、更全面的历史教育。这就是纠偏教育，用历史的实用性来纠正理学空谈性理的玄虚的弊端。

晚年的胡安国，通过纠气性之偏，已经达到风度凝远、萧然于尘世之外的境界，仿佛天下万物无一样可以缠绕其心头。说话必有教导，行动必有法则，平常闲居独处，从来没有怠慢放纵的容色，在细节小事方面尤其谨慎。平时读书，除《春秋》之外，《国语》《孟子》《易》《诗》《尚书》《中庸》《资治通鉴》等轮流阅读，周而复始，到老也孜孜不倦，从不满足。每当弟子们来探望问安，他一定会询问其功课，满意的话，就会说：“读书人一定要以圣人为榜样，不要觉得圣人高不可攀。”不满意的话，就会皱着眉头说：“光阴似箭，浪费可惜，千万不要成为一个无所追求的小人。”亲戚朋友里面的后辈有艰难困穷的情况的，他一般不做相濡以沫的简单救济，而是勉励他在困苦中磨炼心性，奋发上进。读书人来讨教学问，他所教导的，一般是讲先要立志，以忠信为根本，以获得知识为穷尽道理的门径，以敬畏为保养之道。给学生做引导或者指示，必然切合对方的才能；训斥磨砺，必定切中对方的弱点和短处。常常念诵曾子的话：“君子之爱人以德，细人之爱人以姑息。”当时世风衰败，读书人之间交往，多抱着请托干求的目的。胡安国在皇帝的讲筵任上，地位重要，拜见他的人特别多，他虽然身体不好，但总是不知疲倦地接见。和人交流的时候，总是根据对方的官职和经历，询问所官之处的好坏利弊。在谈话的过程中，他的容貌辞色庄重温雅，总让人不知不觉之间消除贪婪和鄙吝之心，使那些客人本来打算来请托干求的，往往忘记了自己的请托，这就是变化气质之功达到了消除别人鄙吝之心的地步。

两宋之交的湖南，尚是不够开化的偏僻之地。胡安国定居湖南碧泉，因授徒教学、人才辈出以及其本人的松柏挺秀的人格所产生的不言之教而成就南宋第一理学学派。他晚年作诗：

懒从天阙烂飘香，开傍山岩暗吐黄。
历尽风霜未摇落，似赢春菊傲孤芳。

这其实是自我写心，历尽风霜，独傲孤芳。

第三节　奠定湖湘学派的底色

胡安国是湖湘学派的开创者。他除了讲学授徒和撰写《春秋传》以外，也提出了自己关于“性与天道”的哲学思想。他的哲学思想以及他的《春秋传》的学术风格，鲜明地体现出了湖湘学派的学术思想特色，在湖湘学派思想的形成和发展过程中居于重要地位。

奠定学派特色

胡安国的“性与天道”的理学思想，体现出将儒家伦理哲学化的理学风格，具体包含两个方面。

第一，“心与理一”的本体论。

宋代理学家在论述宇宙本体时有两种不同的思维模式和理论

框架。一种是由天道而及于人道，即先建构天地化生的宇宙论哲学（天道），然后引入人伦社会的道德哲学（人道）。另一种是主张由人道而及天道，他们直接把宇宙本体论建立在人的心性的基础之上，往往强调人道范围的“心”或者“性”为宇宙本体。

胡安国哲学思想有个重要特点，那就是由人道而及天道，注重在日用伦常中获得本体性超越。比起其他把宇宙本体看作一种在时间和空间上先于世界万物的原始存在（无极、太极、太虚等）的宋代理学家，胡安国主要从生生不息的天地自然中谈宇宙本体，尤其是从衣食住行、吃喝拉撒等日用生活入手谈宇宙本体，比如他和弟子曾吉甫的对话：

> 吉甫尝问：“今有人居山泽之中，无君臣，无父子，无夫妇，所谓道者果安在？”曰：“此人冬裘夏葛，饥食渴饮，昼作入息，能不为此否？”曰：“有之。”曰：“只此是道。”

在胡安国看来，“道”这个宇宙本体，不是什么玄而又玄不可捉摸的东西，世间的一切功用，从君臣父子的伦常之用，到万物生长变化的自然之用，到衣食住行的生活之用，都是“道”的具体体现。即使是隐居山林，无君臣父子夫妇之人伦，但依然要冬天着皮袄，夏天穿葛衣，饥来要食，渴来要饮，白天劳作，晚上就得休息，这就是“道”的功用和体现。

由于胡安国注重由人道而及天道，以达到“天人合一”境界，因此他的哲学本体论是“心与理一”，一方面以“心”为不起不灭的本体存在，另一方面又以“理”为无所不在的本体存在：

> 无所不在者，理也；无所不有者，心也。物物致察，宛转归己，则心与理不昧。故知循理者，士也。物

物皆备，反身而诚，则心与理不违。故乐循理者，君子也。天理合德，四时合序，则心与理一，无事乎循矣。故一以贯之，圣人也。

士、君子、圣人是三种不同的思想和行为境界，在胡安国看来，每一个阶段都要实现心与理的统一，所以他认为“理”与“心”是同一的本体存在。因此他反复强调：“四端固有非外铄，五典天叙不可违。在人则一心也，在物则一理也。充四端可以成性，惇五典可以尽伦，性成而伦尽，斯不二矣。”这里的“四端”是指孟子所说的“恻隐之心，仁之端也；羞恶之心，义之端也；辞让之心，礼之端也；是非之心，智之端也。”“五典”即儒家伦理道德的“五常”：父义、母慈、兄友、弟恭、子孝。胡安国认为，“四端”是人生而俱有，不由外部渗入；“五典”是天地间固有秩序，不可违背，就人而言存于心，就物而言存于理。扩充“四端”可以成就我们的性，勤勉于“五典”可以尽到人伦之职，性成而伦尽，主观伦理努力和客观伦理规范两者不可分离。

可见，胡安国“心与理一”的哲学本体论观念，反映了两宋之交理学内部尚未分化的特点，对湖湘学派的本体论思想产生了重大影响。其子胡宏后来倡导的“以性为本”思想就兼有天理论的客体意义和心本论的主体意义，就是对胡安国提倡的“心与理一”思想的进一步发展。

第二，致知、存心的修身功夫论。

因为胡安国“心与理一”的哲学本体论带有理本论和心本论兼而有之的特色，因此其修养功夫论也是兼而有之，以理为本，则要致知以穷理，以心为本，则要存心以养性：

士子问学，公接之，大抵以立志为先，以忠信为本，以致知为穷理之门，以主敬为持养之道。

穷理尽性，乃圣门事业。物物而察，知之始也。一以贯之，知之至也。无所不在者理也，无所不有者心也。

夫良知不虑而知，良能不学而能，此爱亲敬长之本心也。儒者扩而充之达于天下，立万世之大经，经正而庶民兴、邪慝息矣。

在胡安国看来，通过致知达到穷理，这是儒家外求功夫；通过扩充良知和求放心达到存心，这是儒家的内求功夫。合起来便是通过穷理尽性，达到“心与理一”的天人合一境界。

胡安国的致知存心合一的修养功夫论，对湖湘学派后学产生了极大影响。胡宏、张栻等人在道德修身功夫上提倡“穷理”和“尽心”并用，这一思想渊源，就来自胡安国。

奠定学派学术风格

胡安国在学术方面主要的成就在于《春秋胡氏传》的撰写，它也是湖湘学派的代表著作，奠定了湖湘学派的学术风格。

第一，开创了湖湘学由人道而及天道，注重在日用伦常中实现本体性超越的途径。

宋代理学的构建，一般都是由义理的阐发，发展为道德本体的探寻，也就是说注重为封建纲常寻找或者建立“形而上”的本体论依据，只是这种探究的儒家典籍资源较多集中在《周易》《中庸》等哲学著作上，而《春秋》只是一部历史典籍，即使有孔子笔削《春秋》以寄托“微言大义”的说法，那也只是一部说明道德伦理的典型事例而已。所以，胡安国发挥《春秋》义理的方式，不是通过阐述宇宙本体论来说明道德的先验本性，而是由人道及于天道，从日用伦常的道德践履中说明道德的本原意义。

比如他在《春秋》隐公“元年”条阐释道：“即位之一年，必称元年者，明人君之用也。大哉乾元，万物资始，天之用也；至哉坤元，万物资生，地之用也。成位乎其中，则与天地参。故体元者，人主之职；而调元者，宰相之事。元即仁也，仁，人心也。”“元”的本义是“初始”，这里，他解释为“形而上的宇宙本体”，天有乾元，地有坤元，君主要体元。同时，“元”又是“仁”，“仁”又是“心”，他是将“元”“仁”“心”同时表述为哲学的最高本体，这样，形而上的本体和形而下的日用、伦常、政治便不可分割。就统治者而言，君主要“体元”，就是指在治国安邦时要以仁义为最高准则，要乐于纳谏，体察民心，守卫疆土。普通人则要在日用伦常处，在待人接物时，存心养性，达到一心安定则万物顺服的境界。

第二，胡安国《春秋传》开创了湖湘学派义理之学和经世致用相结合的传统。

如前所述，胡安国毕生致力于对《春秋》中蕴含的义理的阐发，一方面是为了复兴儒家的伦理文化，这是整个两宋理学的根本使命；另一方面，更是为了“康济时艰”，拯救靖康之变所导致的衰亡时局。所以当宋高宗听说胡安国对《春秋》有很精深的研究时，便将《左传》交给他标点注音，而他严肃反对：“《春秋》是经世致用的经典，用案例来体现制度和义理，而《左传》既冗长又琐碎，耗费光阴而不济实用，现在时势艰难，不宜沉溺于文采，应该将心思用在孔子修订的《春秋》上。”他注重发挥《春秋》中的微言奥旨，目的在于对现实的经国济民产生指导作用，尤其是帮助皇帝和朝廷“处大事，决大疑”。具体而言，他在《春秋传》中，大讲“土无二王”“尊无二上”的《春秋》大一统之义，正是为了宋王朝加强中央集权的现实政治服务的；他强调“华夷之辨”，主张“尊王攘夷”，也是针对金兵南侵、国家沦亡的现实，要以“攘夷”之说鼓励朝廷坚持抗金、收复失地；他大力提倡君臣父子夫妇伦理，更是为了拯救当时纲纪不振、人心涣散的乱局。所以清代的《四库全书总目提要》评价胡安国《春秋传》：“感激时事，往往借《春秋》以寓意。不必一一悉合于经旨。”在宋代理学发展过程中，对本体论的探讨在一定程度上会带来空谈心性的弊端，胡安国的《春秋》学将义理之学和经世致用结合起来的精神就是对这种弊端的纠正，因此在宋代理学史上是有独特的贡献的。同时，这种结合的传统也奠定了湖湘学派“以理学经世”的独特风格，不仅影响了胡宏、张栻及后来的湖湘学派弟子，还影响到明清及近代的湖湘学人。

第四节 胡安国的弟子

胡安国的家教十分严格，也非常成功。湖湘学派能够成为南宋理学第一大派与这一方面也是有莫大关联的。《宋元学案》记载：“致堂、籍溪、五峰、茅堂四先生并以大儒树节南宋之初，盖当时伊洛世适，莫有过于文定一门者。”这就显示胡安国家学教育的显赫成就，以至于他这一门成为南宋初年二程理学的第一门第，也为湖湘学由学成派准备了人才队伍。

胡宪

胡宪（1086—1162），字原仲，自号籍溪先生，胡安国从父兄子。从小跟从胡安国读书，接受了系统而规范化的儒学教育。胡宪一生遵从胡安国之教，以其所得为其所守，终身居之无悔，表现出令人敬仰的品格。

胡安国与子侄（后排中为胡安国、左为胡寅、右为胡宪，前排左为胡宁、右为胡宏）

胡宪一生贫寒，为官时间不长，除了7年建州州学之任、短暂的福建路安抚使司准备差遣和半年的秘书省正字之职外，就是乡间隐士之身，但他安贫乐道，讲学不辍。绍兴十三年（1143年），朱熹父亲朱松病笃，将朱熹托付给了胡宪、刘勉之和刘子翚。时年14岁的朱熹从此受学于胡宪达7年之久。胡宪对朱熹的影响最大的是《礼》和《论语》学，其次是胡安国的《春秋》学以及张载的《正蒙》学。胡宪去世，谥“简肃”，被后人称道为“守约持正，安贫乐道”“乐世之智者”。

胡寅

胡寅（1098—1156），字明仲，学者称其为致堂先生。胡寅本是胡安国堂兄之子，被胡安国收养。小时极为顽皮，后经胡安国精心调教，潜心向学。宣和三年（1121年）中进士，并步入政坛。在靖康之变中，主张抗金复仇，誓不言和。在秦桧为相当权擅国期间，与秦桧立场不合，请求致仕，归湖南衡山治学。后复出，绍兴二十六年（1156年）去世，谥号“文忠”。作为湖湘学派的重要学者，胡寅的学术著作包括《读史管见》30卷（存）、《崇正辩》3卷（存）、《斐然集》30卷（存）、《论语详说》（佚）。

胡寅坚持以儒家正统思想为根本，批判佛学，并且在这种对异端的批判中提出了自己的理学思想，这是胡寅理学思想的最大特色。虽然和弟弟胡宏学术路径各异，但在胡安国过世后，胡寅成了胡宏创立性本论理论的最有力的外援和呼应，一起推动了湖湘学派的壮大繁盛。

胡宏

胡宏（1106—1162），字仁仲，胡安国季子。少小好学，15岁便撰写《论语说》，又编《程子雅言》。后相继拜杨时、侯仲良为师。终身未仕，悠游于衡山之下20余年，因读书讲学于湘潭碧泉书院和衡山五峰（祝融、天柱、石廪、紫盖、芙蓉）之下，被称为“五峰先生”。胡宏幼承家学，自觉地以弘扬道学为己任，讲学著书授徒，将湖湘学派推向了高峰，以至于当时各地学子“以不得卒业湖湘为恨”。据《宋元学案》记载，其弟子有张栻、彪居正、吴翌、孙蒙正等11人，其中最著名的弟子为张栻。朱熹因为思想上受到他的影响，也被《宋元学案》列为其私淑弟子。胡宏作为北宋道学到南宋道学的承上启下的关键人物之一，其理学代表著作《知言》奠定了湖湘学派的理论体系。胡宏所创立的“性本论”是与朱熹的“理本论”、陆九渊的“心本论”并驾齐驱的理学理论，对晚明王船山影响极大，是中国思想史上不可或缺的重要思想家之一。后人对他评价颇高。如明代彭

时认为他“作为一代大儒，开启了新安朱熹、东莱吕祖谦、南轩张栻之传，而孔门道学因为他而更加发扬光大起来”。朱熹认为其无论是学识还是品德情操，“当时无有能当之者”。全祖望盛赞：“绍兴一带的所有儒家学者所达到的造诣，没有能超过五峰先生的。他写的《知言》，吕祖谦先生认为超过了张载的《正蒙》。”胡宏的著作有《知言》（存）、《皇王大纪》（存）、《五峰集》（存）和《叙古蒙求》（佚）。其中，《知言》是胡宏的哲学著作，《皇王大纪》是一部记录上迄盘古下至周赧王的编年体史书，《五峰集》是胡宏的诗文集。今本《胡宏集》是《知言》和《五峰集》的合编。

其他弟子

胡安国的弟子，《宋元学案》列26人，主要可以分成两大类，一类是族中弟子，包括其儿子，这是其家学部分；另一部分是非族中弟子，比较有名的有胡铨、曾几等人。胡铨（1102—1180），字邦衡，号澹庵，曾就学于胡安国。绍兴八年（1138年），王伦使金归来，高宗下诏议和，胡铨上疏近万言，对金国议和的阴谋进行揭露，而且要求高宗斩秦桧、王伦、孙近。在所有反对和议的声音中，胡铨态度最为激烈，锋芒最为犀利，结果被贬昭州监管21年，其忠烈之气光照千秋。曾几（1085—1166），字吉甫，自号茶山居士，曾就学于胡安国门下。入太学，成绩优异，赐上舍出身。为官清正，有干才。死后谥“文清”。曾几的主要成就是诗歌。

结　语

胡安国《春秋》学的成就，影响了中国元明清600多年，并延续至今。

胡安国松柏独秀的人格在南宋初年树立了圣贤人格的典范，与尹焞相提并论为不二人选。

胡安国开创的湖湘学派，就程氏理学而言，其昌明二程洛学之功劳与程门高足杨时开闽学并称。

胡安国开创的湖湘学派，就湖南而言，在当时改变了湖南地区原有的闭锢愚陋风气，开启了湖湘的向学之风，为湖南近世人才的产生奠定了思想文化基础，同时也造就了人才产生的社会文化基础和舆论条件；其倡导的义理和经世相结合的学风，一直扎根于湖湘大地，以至于延续到近代，为近世湖湘文化的发展确立了原则方向，对于造就湖南近世英才并推动中国历史发展起了不容置疑的积极作月。近代湖南学者王闿运称："胡开潭学，朱张继响"；"道学开自周敦颐，乡邦无传其学者。至安国及子寅、宏来发明之。湖湘之学，比于关洛。"

岳麓书院院长朱汉民在其《湖湘学派史论》中认为，胡安国是湖湘学派的创始人，"胡氏《春秋传》将儒家义理同经世致用相结合的治学风格，奠定了湖湘学的学术风格。以后不仅胡氏子弟们皆有'以理学经世'的独特风格，湖湘学的第三代大师张栻及其弟子们进一步将此传统发扬光大，并对明清时期的湖南学人产生影响"。

王立新教授在《开创时期的湖湘学派》一书中认为，胡安国在中国思想史和湖南地域文化建设上的功绩主要表现在两个方面，第一是传播了二程的理学思想。第二是开创了湖湘学派，点燃了南渡以后理学派别分立的第一支晶亮的火炬。因此，理学于南渡之后的兴盛之首功，实应归属于湖湘学派。

胡安国病逝后，在当地极受尊敬。历朝历届潭州地方官员都直接或派官往隐山致祭。南宋嘉定之前，潭州修建“先贤祠”，以周敦颐、程颢、程颐、胡安国、胡宏、张栻、朱熹为享祭神主。福建等地也建有胡安国的祠堂。明英宗正统二年（1437年）下诏“以胡安国、蔡沈、真德秀从祀孔子庙庭”。明宪宗成化二年（1466年）下诏追封胡安国为建宁伯。

后　记

福建，山海相拥，人杰地灵，人文荟萃，英才辈出，产生了许多伟大的思想家、文学家、教育家、科学家和民族英雄、爱国先驱、革命将士、时代楷模。他们的教育成长、道德品行和思想文章，是福建的宝贵精神财富，教育和激励着一代代福建人努力学习、奋勇前行。福建省社会科学界联合会组织编写的“福建历史文化名人丛书”，以福建历史名人为题材，古今结合，意在从高处着眼、从基础着手，普及人文社会科学知识，促进人文道德养成，使社会科学知识走进大众、走进生活、走进现实，让更多的人了解福建历史名人，弘扬优秀传统文化，增强福建文化影响力和感染力，为建设文化强省添砖加瓦。

“福建历史文化名人丛书”（第四辑）所包含的陈元光、林慎思、吴夲、胡安国、李纲、真德秀、黄乃裳、陈季同、萨镇冰、林森10个人物故事，记录了福建文化之于中国历史的影响，同时也以人物史的叙述方式生动地展现出中国人文精神的风骨和传统文化的传承。人物篇以人物生平为线索，在故事中体现传主的学问、事功、道德，凸显他们在中华文明进程中的重要作用，深入挖掘和阐发其内在精神，从而激起读者爱国爱乡的强烈情感，使之成为涵养社会主义核心价值观的重要源泉。

这套丛书以广大群众为读者对象，尤其是各年龄段的学生群体以及受过中等教育的读者，他们对这些历史名人的认知，大多来源于历史课本、乡土教材、文化景点和博物馆，很难形成具

体、深入、系统的认识。丛书深入浅出，雅俗共赏，通过一个个生动精彩的故事带领读者走进福建历史，走入人文社会科学的知识殿堂，融故事性、知识性、趣味性、可读性于一体，对提升大众的阅读水平、普及社会科学知识、提高人文社会科学文化素养和思想道德素质有着积极的作用。

专家刘小新老师对丛书写作大纲和书稿进行了认真审读，并提出了许多很好的意见和建议，在此表示感谢！

若有不足之处，敬请广大读者批评指正。

编委会

2019年8月